AF321508

EUGÈNE MITTLER

La Question des Rapports

ENTRE

LE SOCIALISME, LE SYNDICALISME

ET

LA FRANC-MAÇONNERIE

2º ÉDITION

AVEC DES LETTRES DE

Gustave HERVÉ, Rédacteur en chef de la "Guerre sociale"
F. DE PRESSENSÉ, Président de la "Ligue des Droits de l'Homme"
BLED, de la Confédération générale du Travail
Paul AUBRIOT, Député de Paris.

Prix : 0 fr. 25

PARIS

L'UNIVERSALA

IMPRIMERIE OUVRIÈRE ESPERANTISTE

20, Rue du Cloître-Saint-Merri

1911

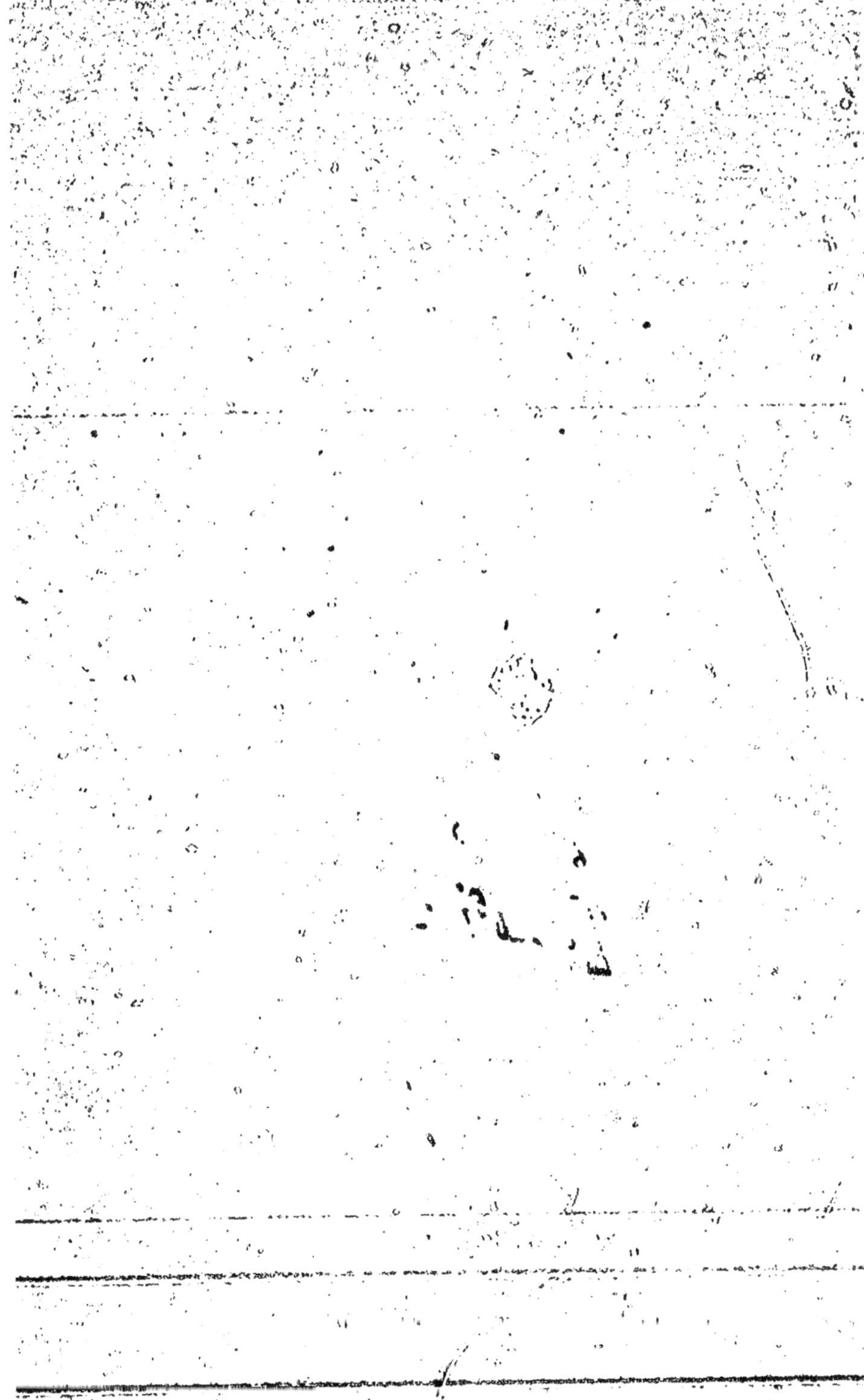

EUGÈNE MITTLER

La Question des Rapports

ENTRE

LE SOCIALISME, LE SYNDICALISME

ET

LA FRANC-MAÇONNERIE

2ᵉ ÉDITION

AVEC DES LETTRES DE

Gustave HERVÉ, Rédacteur en chef de la "Guerre sociale"
F. DE PRESSENSÉ, Président de la "Ligue des Droits de l'Homme"
BLED, de la Confédération générale du Travail
Paul AUBRIOT, Député de Paris.

Prix : 0 fr. 25

PARIS
L'UNIVERSALA
IMPRIMERIE OUVRIÈRE ESPÉRANTISTE
20, Rue du Cloître-Saint-Merri
—
1911

l'émancipation intellectuelle et économique de tout ce qui est humain.

Depuis les temps les plus éloignés, alors que le socialisme et le syndicalisme étaient inconnus, la Franc-Maçonnerie qui date, je crois, du VIIIe siècle, mais qui, en tous cas, fut importée en France vers 1716, posait les principes de fraternité, de solidarité, d'égalité et, par là même, jetait les premières bases du socialisme international.

On peut donc, sans crainte, affirmer que les socialistes et les syndicalistes, qui prétendent que la Franc-Maçonnerie n'est qu'une société bourgeoise, nuisible aux intérêts de la classe prolétarienne, se méprennent et, qu'au contraire, celle-ci, toujours à l'avant-garde du progrès, n'a d'autre but, ainsi que je le démontrerai plus loin, que de préparer les voies qui doivent conduire tous les peuples vers la fraternité humaine.

LA QUESTION DES RAPPORTS

le Socialisme, le Syndicalisme et la Franc-Maçonnerie

C'est en 1906, au Congrès de Limoges, que le Parti socialiste eut, pour la première fois, à examiner la question *des rapports entre le socialisme et la Franc-Maçonnerie.*

Cette question, posée un peu tardivement par la Fédération de Saône-et-Loire, sur l'initiative du citoyen Raquillet, ne put être examinée dans toute son ampleur par le Congrès ; il fut donc décidé que la question viendrait ultérieurement.

Le Congrès de Saint-Quentin de 1911 a décidé que cette question serait mise en tête de l'ordre du jour du Congrès national de 1912.

A la veille de ce Congrès, j'ai pensé qu'il serait peut-être utile d'indiquer aux camarades socialistes et syndicalistes les grandes lignes de la question en exposant : 1° *un historique succinct du socialisme ; 2° du syndicalisme ; 3° de la Franc-Maçonnerie ; les affinités entre ces trois grandes organisations ; 4° ce que pensent quelques personnalités du monde socialiste et syndicaliste de cette importante question ; 5° les conclusions en faveur — sinon de l'entrée — mais d'une neutralité à observer envers les membres du Parti ou de la C. G. T. qui croient devoir adhérer à la Franc-Maçonnerie.*

Le Socialisme

Sa naissance, sa doctrine, son but, ses affinités avec la Franc-Maçonnerie

L'idée générale du socialisme, celle acceptée par la grande majorité des citoyens qui forment l'ensemble du Parti, pourrait se résumer en quelques lignes ; mais, pour la clarté du sujet, il est nécessaire d'aller puiser à la source même et d'évoquer les causes qui l'ont fait naitre et grandir.

Si l'on en croit les historiens, le socialisme fit son apparition au dix-huitième siècle, vers 1750. A cette époque, Voltaire, cerveau infatigable, génie puissant, stigmatisait l'intolérance religieuse et défendait les causes qui lui semblaient justes. Ses écrits, ses plaidoyers en faveur de la réhabilitation de Calas et de Sirven — deux citoyens accusés faussement d'avoir donné la mort, l'un à son fils, l'autre à sa fille, pour les empêcher d'abjurer le protestantisme — sont des actes de pensée socialiste. Ses sentiments d'humanité circulent dans toutes ses œuvres, et s'il n'eut pas l'amour désintéressé du peuple, on lui doit néanmoins une propagande active en vue de l'abolition de la torture, des réformes d'hygiène publique, en un mot des écrits, des actes socialistes.

On pourrait aussi citer le grand philosophe Diderot qui eut beaucoup à souffrir de l'intolérance religieuse et n'en continua pas moins à éclairer le monde de sa philosophie, laissant à la postérité des ouvrages où le sentiment socialiste coule largement. On est donc porté à croire que ces philosophes, ces écrivains, contribuèrent quelque peu à l'éclosion du socialisme. Dans la période de 1750 à 1789 — période préparatoire, pourrait-on dire — le socialisme ne contenait pas plusieurs acceptations définies ; il était contenu dans les sentiments d'humanité, de justice, mis à jour par quelques grands écrivains du siècle.

Ce n'est qu'après la Révolution que la doctrine socialiste s'affirma. A ce moment-là, Babeuf complotait avec quelques jacobins contre le Directoire et insérait dans son journal, *La Tribune du Peuple*, des articles à tendances socialistes communistes ; mais la pensée révolutionnaire de ces articles n'avait rien de commun avec le socialisme scientifique. Plus tard, vers 1805, Saint-Simon (1760-1825), dans son livre, *Réorganisation de la société européenne*, expose une doctrine spéciale du socialisme, connue sous le nom de saint-simonisme. Cette doctrine à tendance communiste se rapproche sensiblement du socialisme tel que nous le concevons. Autour de Saint-Simon, une pléiade de disciples se rangèrent pour mettre debout une formule d'action pouvant se résumer ainsi : A chacun selon sa capacité, à chaque capacité suivant ses œuvres.

Voici, d'ailleurs, le point de départ de cette doctrine :

L'antagonisme social doit céder la place à l'association universelle ; la propriété héréditaire sera supprimée. L'Etat sera propriétaire des richesses et répartira les instruments du travail suivant les besoins et les capacités.

Ceci était très bien en ce qui concerne la partie matérielle de l'individu ; mais, à l'encontre des doctrines socialistes actuelles, les saint-simoniens *déclaraient nécessaire l'institution d'une religion puissante*, réhabilitant la matière, actuellement sacrifiée à l'esprit, c'est-à-dire une morale chrétienne au lieu d'une morale laïque.

Divisés d'opinions, condamnés par les tribunaux, les saint-simoniens se dispersèrent vers 1833.

Puis ce fut Charles-Fourier, contemporain de Saint-Simon (1772-1837). Fourier se distingue par sa doctrine nettement socialiste communiste. Sa principale préoccupation fut la mise en valeur de son école phalanstérienne. Il sut grouper autour de lui, à l'instar de Saint-Simon, des partisans déterminés à mettre en pratique ce que l'on appelait le fouriérisme, c'est-à-dire le groupement d'individus de toutes corporations faisant valoir en commun les doctrines de la socialisation de la production et de l'échange. Pour affirmer la puissance de l'organisation, il institue la phalange, unité sociale de la société future : il précise de cette façon : groupement d'environ 1.000 personnes, installé dans un phalanstère où chacun travaillera suivant ses goûts, s'enrôlant dans des séries de travailleurs. Le travail se fera ainsi sans effort. Chaque phalanstérien aura droit à un minimum de bien-être.

Du surplus de la production, 5/12 rémunéreront le capital, 4 le travail et 3 le talent. Il ajoutait : « Ce système généralisé, le globe formera l'*empire unitaire*. » Ses vues tendirent donc à prouver que, hormis l'association, point de salut.

De 1830 à 1848 (règne de Louis-Philippe), le socialisme s'affirma en théorie avec Louis Blanc, dont le socialisme semblait se synthétiser dans cette formule : *à chacun selon ses besoins, à chacun selon ses facultés*, avec Etienne Cabet, dont un ouvrage : *Le Voyage en Icarie*, est plein de bonnes idées concernant le socialisme expressément communiste.

Le socialisme s'affirma d'une façon révolutionnaire et athéiste avec le célèbre Louis-Auguste Blanqui, socialiste communiste intégral dont la célèbre maxime : *Ni Dieu ni Maître*, servit et sert encore nombre d'écoles socialistes. Avec lui, le mouvement nettement révolutionnaire se dessine. Il prit part à plusieurs mouvements insurrectionnels, eut maille à partir avec la Justice, passa une partie de son existence en prison, donnant ainsi — comme Gustave Hervé à l'heure actuelle — la preuve à ses contemporains qu'il était non seulement un doctrinaire érudit et sincère, mais aussi et avant tout un homme d'action.

A l'avènement de la deuxième République (25 février 1848-1er décembre 1852), alors que le peuple français croyait en avoir fini avec les potentats et cherchait une direction profitable pour lui, les partis bourgeois s'emparaient des pouvoirs publics et, comme toujours, faisaient preuve d'un égoisme étroit. Par esprit de conservation sociale, ils énervèrent les socialistes qui, à cette époque, étaient disposés à collaborer loyalement à une œuvre d'émancipation politique et économique.

C'est à cette époque, quelques mois après la Révolution de 1848, que la « Ligue des Communistes », union ouvrière internationale — *union secrète, étant données les conditions d'alors* — lança le fameux « Manifeste du Parti Communiste » (1). Ce manifeste, inspiré par les décisions prises dans un Congrès tenu à Londres en novembre 1847, fut rédigé par les célèbres écrivains socialistes allemands Karl Marx et Friedrich Engels.

Ce document historique, dont la portée fut considérable, permit de *fixer définitivement les bases du Socialisme scientifique*.

Le théoricien, l'homme d'action dévoué et sincère que fut Karl Marx ne s'en tint pas exclusivement sur la portée que le Manifeste pourrait avoir sur le prolétariat ; il mena une lutte ardente, opiniâtre, et sut donner au socialisme sa véritable expression en affirmant que ce dernier ne devait s'appuyer que sur la *science seule*, avec la *lutte des classes* comme moyen, pour arriver à l'éta-

(1) Manifeste du Parti Communiste, en vente à la librairie de *l'Humanité*.

blissement du collectivisme, terme fatal et nécessaire de l'évolution des sociétés.

C'est donc en grande partie au fondateur de l'*Internationale socialiste*, à celui qui lança ce fameux cri de ralliement : « Prolétaires de tous les pays, unissez-vous !», que le socialisme, tel que nous le concevons à présent, doit d'être aussi florissant qu'il est à l'heure actuelle. L'hommage que nous rendons ici à Karl Marx s'étend aussi sur ses collaborateurs de l'époque, et nous ne pouvons que nous féliciter d'être leurs dignes continuateurs.

Pendant la durée du deuxième Empire (1852-1870), nous sommes malheureusement obligés de constater que le socialisme *marque le pas*.

En effet, les républicains, depuis les modérés jusques et y compris les socialistes, n'avaient qu'un seul but : combattre l'Empire. Il ressort de cette période de stagnation que, seule, la forme républicaine est profitable aux intérêts socialistes.

En 1871, nous assistons au développement extraordinaire du socialisme. *L'institution de la Commune* fut une preuve de la vitalité du sentiment socialiste. Paris prolétarien manifesta son enthousiasme pour ses véritables défenseurs : Jean Allemane, Delescluze, Flourens, Raoul Rigault, Edouard Vaillant en furent les principaux chefs. Quelques-uns d'entre eux, d'ailleurs, payèrent chèrement leur dévouement au socialisme. La répression organisée par Thiers, exécutée par Galliffet, a inspiré à quelques écrivains indépendants des pages sublimes, où l'héroïsme des communards inflige une véritable honte aux répresseurs sanglants.

Si la Commune fut vaincue par suite de son manque de ressources de toutes sortes, il n'en reste pas moins acquis que l'expérience, si l'on tient compte des conditions dans lesquelles la Commune fut instituée, fut des plus concluantes. Les décrets qui, dans l'ordre économique, supprimaient le travail de nuit pour les boulangers, instituaient la journée de huit heures, ainsi que beaucoup d'autres réformes, furent accueillis avec joie par les travailleurs. La Commune n'ayant vécu que quelques semaines (mars à fin mai 1871), il lui fut impossible d'organiser effectivement le système socialiste communiste.

Après la Commune et la répression inhumaine qui suivit, alors que les principaux chefs étaient fusillés, comme Rigault, Flourens, Rossel, ou déportés, comme Allemane, Vaillant, etc., il y eut dans le prolétariat socialiste ce que l'on pourrait appeler une période d'accalmie, mais qui, en réalité, n'était autre que *le recueil-lement après la grande douleur.* Le prolétariat, meurtri, abimé, ayant au cœur le désir de réparer ses forces, de refaire ses cadres en vue de la prochaine bataille, de la prochaine victoire, s'organisait à nouveau sous l'égide des chers disparus ou déportés et instituait des partis, ayant quelquefois une ligne de conduite différente, mais le même idéal. Après l'amnistie du 14 juillet 1880, la propagande socialiste s'intensifia ; différentes écoles, à la tête desquelles se trouvaient Vaillant, Allemane, Guesde, etc., édictèrent des pro-grammes qu'ils défendirent d'abord dans les grandes villes et les centres ouvriers, ensuite jetèrent la semence à travers toutes·les villes de France.

Petit à petit la moisson se fit, les socialistes entrèrent dans les Conseils municipaux, les Conseils généraux, la Chambre des dé-putés.

En 1900, le mouvement socialiste battait son plein. Jusqu'ici, il ne s'est pas ralenti, au contraire. De plus en plus, les travailleurs, ayant été à même d'apprécier où se trouvaient leurs véritables défenseurs, sont venus, nombreux, apporter leur adhésion à la forme socialiste. C'est précisément cette augmentation considérable du contingent socialiste qui détermina les différentes écoles à se grouper en un faisceau compact, en une unité agissante.

L'Unité Socialiste

Les diverses conceptions du socialisme n'avaient, à notre époque, aucune raison de subsister, en écoles rivales surtout. A une doc-trine qui peut rallier *plus d'un million de suffrages*, il fallait, pour la répandre à profusion, un parti qui ait une unité de vues, une unité d'action.

S'inspirant non seulement des doctrines fondamentales du socia-lisme, mais aussi des nécessités de l'heure présente, il est apparu aux socialistes éclairés que, seul, un grand parti pouvait organiser, éduquer les travailleurs et les diriger dans la voie du collecti-visme.

En effet, il ne faut pas croire que le socialisme, *à l'instar des théories préconisées par certains hommes politiques et qui con-sistent à réformer, à améliorer la société au fur et à mesure que le besoin s'en fait sentir,* puisse s'appliquer momentanément, et seulement à certaines choses. Le socialisme, actuellement, c'est la classe ouvrière en marche, c'est le prolétariat s'organisant dans ses syndicats, dans ses coopératives ; c'est la lutte opiniâtre et sans merci contre les classes dirigeantes et les éléments de conservation sociale; c'est l'esprit de suite, le sentiment d'abnégation ; c'est la propagande active dans les milieux indifférents ou réfractaires ; c'est, en un mot, l'application de la formule adoptée et sanctionnée par différents Congrès et ainsi conçue : *Entente et action internationale des travailleurs ; organisation politique et économique du prolétariat en parti de classe pour la conquête du pouvoir et la socialisation des moyens de production et d'échange, par la transformation de la société capitaliste en une société collectiviste ou communiste.*

Je ne saurais mieux faire que de mettre sous les yeux du lecteur l'admirable déclaration du Parti socialiste au Congrès de Toulouse de 1908.

Cette déclaration, qui n'est pas seulement le cri de guerre, le cri d'espoir, le cri de ralliement de la pensée socialiste, telle que la conçoit la grande majorité des membres du Parti, est aussi et surtout la définition exacte, précise, de ce que nous sommes, de ce que nous voulons, de ce que nous devons faire.

Déclaration du Parti Socialiste[1]
au Congrès de Toulouse
SÉANCE DU 18 OCTOBRE 1908

Le Parti socialiste, parti de la classe ouvrière et de la Révolution sociale, poursuit la conquête du pouvoir politique pour l'émancipation des prolétaires par la destruction du régime capitaliste et la suppression des classes.

Il rappelle sans cesse au Prolétariat, par sa propagande, qu'il ne trouvera le salut et l'entière libération que dans le régime collectiviste ou communiste ; il porte cette propagande dans tous les

---

[1] *L'Action du Parti Socialiste,* Brochure en vente à *l'Humanité,* 16, rue du Croissant.

milieux pour susciter partout l'esprit de revendication et de combat. Il amène la classe ouvrière à un effort quotidien, à une action continue pour améliorer ses conditions de vie, de travail et de lutte, pour conquérir des garanties nouvelles, de nouveaux moyens d'action, précisément parce qu'il est un parti de révolution, précisément parce qu'il n'est pas arrêté dans sa revendication incessante par le droit, périmé à ses yeux, de la propriété capitaliste et bourgeoise.

Il est le parti le plus essentiellement, le plus activement réformateur, le seul qui puisse pousser son action jusqu'à la réforme totale, le seul qui puisse donner à chacune des revendications ouvrières un plein effet, le seul qui puisse faire toujours de chaque réforme, de chaque conquête, le point de départ et le point d'appui de revendications plus étendues et de conquêtes plus hardies ; et quand il signale à la classe ouvrière, avec l'utilité, la nécessité, la bienfaisance de chaque réforme, les limites aussi que lui impose le milieu capitaliste même, ce n'est pas pour l'amener à conquérir des réformes nouvelles et pour lui rendre toujours présente et sensible, jusque dans l'effort incessant d'amélioration, la nécessité de la réforme totale, de la transformation décisive de la propriété.

Cette transformation est préparée par le mouvement même des forces productives, l'évolution du mode de production capitaliste, son extension à toutes les parties du monde, l'accumulation et la concentration des capitaux, les progrès de l'outillage et de la technique mettant à la disposition de l'humanité des forces de production et d'échange qu'elle met en œuvre actuellement pour le profit d'une petite minorité d'individus et qui seront alors collectivement appliqués à la satisfaction des besoins de la collectivité.

Parallèlement à ce mouvement de forces productives, doit se développer un immense effort d'éducation et d'organisation du prolétariat.

C'est dans cet esprit que le Parti socialiste reconnaît l'importance essentielle de la création et du développement des organismes ouvriers de lutte et d'organisation collective (syndicats, coopératives, etc.), éléments nécessaires à la transformation sociale pour ces combats, pour ces conquêtes ; le Parti socialiste emploie tous les moyens d'action, en réglant l'usage par la volonté réfléchie d'un prolétariat fortement organisé.

Le prolétariat progresse et se libère par son effort direct, par son action directe, collective et organisée sur le patronat et les pouvoirs publics, et cette action directe va jusqu'à la grève générale *employée à la défense des libertés ouvrières menacées, à de grandes revendications ouvrières et à tout effort d'ensemble du prolétariat organisée en vue de l'expropriation capitaliste.*

Comme toutes les classes exploitées au long de l'Histoire, le Prolétariat affirme son droit de suprême recours à la force insurrectionnelle, mais il ne confond pas avec les vastes mouvements collectifs qui ne peuvent surgir que de l'émotion générale et profonde du prolétariat, des escarmouches où les travailleurs se jetteraient à l'aventure contre les forces de l'État bourgeois.

Il s'applique, d'un effort délibéré, constant, à la conquête du pouvoir politique ; il oppose à tous les partis de la bourgeoisie, à leurs programmes, ou rétrogrades, ou vagues, ou fragmentaires, la pleine affirmation collectiviste ou communiste et l'effort incessant de libération du Prolétariat organisé, et il considère comme un devoir essentiel de ses militants de travailler par l'action électorale à accroître la puissance parlementaire et législative du socialisme.

***

C'est donc par un effort continu, par une propagande coordonnée, s'appuyant surtout et visant expressément la conquête des pouvoirs publics, que le Parti socialiste a le ferme espoir d'arriver à ses fins.

Est-ce à dire que le Parti socialiste doive se confiner dans une sorte d'ostracisme ? n'avoir aucune relation avec les Sociétés d'études philosophiques et sociales ? Je ne le crois pas. Je crois, au contraire, que les membres, les militants du Parti, ont tout avantage, en l'état de choses actuel, à se renseigner, à opposer aux défenseurs des théories de conservation sociale la doctrine socialiste avec tout ce qu'elle comporte. Dans les milieux où la discussion peut s'établir librement, courtoisement, la doctrine socialiste fait infiniment plus de progrès que partout ailleurs.

De plus, il ne s'agit pas de *collaboration étroite* avec un parti politique quelconque ; il s'agit tout simplement de savoir si, pour les membres du Parti, le fait d'appartenir à une Société d'études autre que le Parti socialiste constitue un manquement aux engagements pris délibérément, à l'idéal commun, aux aspirations unanimes. Les faits répondent avec beaucoup plus d'autorité que je ne saurais le faire. Qu'il me suffise simplement d'indiquer que nombre d'écrivains, de militants socialistes ont appartenu à des

Sociétés composées d'éléments divers, telles que la Franc-Maçonnerie, que nombre de nos camarades, parlementaires ou simples militants, y appartiennent et s'en félicitent.

A titre d'exemple, je citerai quelques écrivains, quelques penseurs, quelques militants qui, par leurs écrits, par leurs actes, ont contribué puissamment à faire éclore et développer le socialisme. Ces hommes de pensée libre, à qui tous les socialistes rendent hommage, parce qu'ils furent les précurseurs, les dévoués serviteurs de la cause socialiste, se sont honorés d'appartenir à une Société qui a puissamment contribué à l'émancipation morale et matérielle des individus. Lorsque, par exemple, des hommes comme : VOLTAIRE. DIDEROT, au temps où il y avait beaucoup de risques à être libre penseur ; plus tard, JACQUES-RENÉ HÉBERT (Père Duchesne), MARCEL BARTHE, PIERRE-JOSEPH PROUDHON, AGRICOL PERDRIGUIER, PIERRE LEROUX, LOUIS BLANC, LOUIS CALVINHAC, GUSTAVE FLOURENS, BENOIT MALON, etc., etc.... lorsque des hommes, dont la vie fut toute de dévouement, de désintéressement, nous montrent ainsi l'exemple — sans compter ceux qui, à l'heure actuelle, sont des meilleurs et des plus écoutés d'entre nous — les socialistes commettraient une grande faute s'ils mettaient à l'index une association qui, je le répète, n'a à son actif — comme je le démontrerai plus loin — que des actes qui l'honorent.

Cette mise à l'index ne pourra se faire. car ce serait vouloir le démembrement d'un parti qui a eu beaucoup de mal à s'unifier. La besogne faite dans cette association par les socialistes est grande et porte des fruits ; l'avenir prouvera surabondamment que la Franc-Maçonnerie fut pour les socialistes une école de premier ordre, parce que, là, ni dogme, ni préjugé n'étant admis, la libre discussion aura pu suivre son cours, le socialisme s'imposer par sa netteté de précision et la beauté de son idéal.

Les affinités entre le socialisme et la Franc-Maçonnerie sont nombreuses, l'idéal surtout, cet idéal qui tend à la fraternité des peuples a quelque chose de commun et la mise en pratique est chose acquise.

Le Syndicalisme

Sa naissance, sa doctrine, son but, ses affinités avec la Franc-Maçonnerie

Il n'y a pas longtemps que le syndicalisme s'est révélé comme un levier puissant pour les masses prolétariennes, comme un spectre sanglant pour les capitalistes.

Les législateurs qui, en 1864, votèrent la loi autorisant les *coalitions*, ne se figuraient pas qu'un jour cette loi, modifiée, remaniée par Waldeck-Rousseau, soumise et votée par le Parlement en 1884, deviendrait une arme puissante entre les mains de la classe ouvrière qui, mieux éduquée, mieux préparée, saurait s'en servir pour faire rendre gorge, dans la mesure du possible, aux exploiteurs, et préparer avec méthode la révolution économique.

Dans les premières années d'application de cette loi, les prolétaires hésitaient à s'en servir ; ils craignaient que le syndicat, isolé en lui-même, soit une arme pouvant se retourner contre eux.

Les articles de la loi indiquent que les salariés avaient le droit de s'associer pour défendre leurs *intérêts économiques, industriels, commerciaux, agricoles*, qu'ils pouvaient ester en justice, créer et administrer des offices de renseignements, constituer entre leurs membres des caisses de secours mutuels et de retraites, fonder des cours d'instruction professionnelle, etc.

Ces articles, dis-je, étaient autant d'épouvantails ; les uns hésitaient, les autres se hasardaient à y toucher avec beaucoup de prudence. Cette loi d'émancipation apparaissait comme une épée de Damoclès suspendue sur les travailleurs ; surtout sur ceux qui auraient le courage de se syndiquer, d'affronter la lutte inévitable avec le patronat. La manipulation des moyens légaux apparaissait aux premiers militants comme un engin explosif remis entre leurs mains et dont ils craignaient d'être les premières victimes.

A peine un quart de siècle s'est-il écoulé que nous assistons à une poussée gigantesque du syndicalisme. A une période transitoire d'hésitation succède un mouvement d'enthousiasme grandissant ; chaque jour apporte son contingent de nouvelles recrues, de nouvelles forces ; chaque jour, par la pression exercée par leurs syndicats, les travailleurs bénéficient d'augmentations de salaires, de diminutions d'heures de la journée de travail, d'améliorations au point de vue de l'hygiène, etc.

D'après les dernières statistiques, le nombre des syndiqués a considérablement augmenté : alors qu'en 1890 on en comptait 130.000 pour la France, on en compte aujourd'hui approximativement : France, 1.300.000 ; Amérique, 3.900.000 ; Allemagne, 2.280.000 : Angleterre, 2.100.000.

La France se trouve être la plus inférieure en nombre ; mais la qualité ne manque pas, au contraire, au point de vue organisation et propagande, la France est la plus favorisée par la valeur de ses militants syndicalistes. Profitant de toutes les ressources qu'offre la loi de 1884, les syndicats se sont groupés en *Fédérations* d'industries ou de métiers, ou en *Unions de Syndicats*, formant la *Confédération Générale du Travail*, qui, à l'instar du Parti socialiste, représente pour les syndiqués l'unité d'action et de propagande.

Les *Bourses du Travail* sont au nombre de 142, groupant 2.667 Syndicats et 434.380 syndiqués. Elles reçoivent près de 400.000 fr. de subvention et placent près de 100.000 ouvriers chaque année (à noter que la presque totalité des syndicats, dont le siège se trouve dans les Bourses du Travail, sont adhérents à la C. G. T.).

Les *Syndicats Patronaux* sont au nombre de 2.948, avec 237.000 adhérents. Ils ont créé 204 bureaux de placement.

Les *syndicats mixtes de patrons et de salariés* sont au nombre de 170, avec 34.388 adhérents.

Les *syndicats agricoles* (patrons et ouvriers), qui étaient, en 1885, au nombre de 30, sont passés, en 1908, au chiffre de 4.422, groupant 771.452 adhérents.

On peut se rendre compte, par cette brève énumération, combien l'esprit d'association tend à faire des progrès.

Depuis 1880, un nombre assez considérable de lois ont été votées par le Parlement en faveur des salariés ; malheureusement, ces lois ne sont pas appliquées comme il serait désirable qu'elles le fussent ; néanmoins, à titre d'exemple, on peut en citer quelques-unes, telles que :

La loi du 27 juillet 1880, complétée par la loi du 23 juillet 1907, qui réglemente l'exploitation des mines et carrières ; la loi du

12 juin 1898 concernant l'hygiène et la sécurité des travailleurs ; la loi du 8 juillet 1898 sur les *délégués mineurs ;* les mineurs, dans toutes leurs revendications, mettaient cette réclamation légitime en tête de la liste.

La loi du 12 janvier 1895 a édicté, jusqu'à concurrence des neuf dixièmes, *l'insaisissabilité des salaires ou des gages* et celle des traitements ne dépassant pas 2.000 francs par an.

L'importante loi du 9 avril 1908 (1) a obligé les patrons à payer des indemnités à leurs ouvriers ou employés victimes d'accidents survenus par le fait ou à l'occasion du travail.

La loi du 12 novembre 1892 a réglementé le travail des enfants, des filles mineures et des femmes dans les établissements industriels. Elle a réduit la durée du travail journalier à 10 heures.

La loi du 13 juillet 1906, instituant le *repos hebdomadaire* en faveur des ouvriers et employés du commerce et de l'industrie, cette importante loi, par suite des dérogations accordées, a perdu beaucoup de sa valeur.

Enfin, la précédente législature a voté la loi sur les *retraites ouvrières.* Le Sénat, après l'avoir remaniée, vient de la voter définitivement. Cette loi, qui a fait tant couler d'encre et dire tant de paroles, serait bonne si elle n'obligeait pas les travailleurs à prélever sur leurs maigres salaires une cotisation assez élevée que, seuls, les employeurs et l'État devraient supporter. D'autre part, l'âge indiqué (65 ans) pour avoir droit à la retraite est trop élevé ; ce sera précisément l'œuvre des syndicats de faire pression sur les pouvoirs publics, d'obliger ceux-ci à améliorer la loi et de concentrer leurs efforts pour que, d'une part, la cotisation ne soit pas à la charge du salarié, et que, d'autre part, le droit à la retraite soit ramené au maximum à 55 ans.

Cett loi, telle qu'elle a été votée par le Sénat, n'intéresse pas moins de 17 millions de travailleurs. Elle établit : 1° une retraite obligatoire qui vise tous les salariés des deux sexes, hormis ceux des chemins de fer, des mines et des inscrits maritimes, qui ont déjà leurs retraites particulières, en tout 11 millions de travailleurs ; 2° une retraite facultative, accessible à 6 millions de travailleurs, métayers, fermiers, petits propriétaires ruraux, petits cultivateurs,

(1) Voir ma brochure : *Vers plus de Justice ! Les Accidents du Travail;* Dispositions Générales; Application.

petits patrons travaillant seuls ou avec leur famille, ou avec un ouvrier.

Tous les intéressés recevront à 65 ans une pension de retraite ou, le cas échéant, une pension d'invalidité.

Pour avoir droit à la retraite, il faudra avoir été salarié pendant 30 ans. Si l'on a versé, non seulement pendant 30 ans, mais pendant toute la vie jusqu'à 65 ans, la rente à laquelle l'homme aura droit sera de 470 francs, celle de la femme de 270. Si l'intéressé verse moins de 30 ans et plus de 10 ans, il aura droit, en outre de sa rente, à une allocation réduite. En outre, ces mêmes travailleurs, parvenus à 70 ans, pourront, s'ils sont dans les conditions prévues par la loi d'assistance, cumuler, dans la mesure prévue par la loi de 1905, leur pension avec l'allocation de la loi d'assistance. La retraite se trouvera constituée par des versements obligatoires de l'employé et de l'employeur et sera majorée par l'Etat d'une allocation fixe de 60 francs.

Entre les principales lois ouvrières existantes, dont la loi de 1898 sur les accidents du travail et la loi sur les retraites ouvrières récemment votée, deux importantes lois manquent, qui donneraient plus de sécurité à la classe ouvrière.

Ces lois sont :

1° La loi d'assurance contre le chômage ;

2° L'assurance contre la maladie.

L'assurance contre le chômage est, en effet, nécessaire pour les travailleurs de toutes catégories. La misère, engendrée par la morte-saison, chez un grand nombre de travailleurs, est incontestablement le produit de cette loi économique néfaste qui régit notre société, c'est-à-dire : *la loi de l'offre et de la demande.* Tantôt celle-ci produit un surcroît de travail et oblige les salariés à une production double, triple ; tantôt, le coup de feu passé, les salariés n'ont plus ou presque de production à fournir. C'est la morte-saison avec son cortège de privations, de misères.

Paris a constamment un nombre considérable de chômeurs que les statistiques évaluent à près de 1 *million* d'un bout de l'année à l'autre.

Ce chiffre suffit à lui seul pour condamner à jamais un système qui permet d'étaler tant de misères, tant de souffrances, tant de honte. Les syndicats ont bien organisé quelques caisses spéciales de chômage, leurs ressources sont insuffisantes ; c'est donc à la société de faire le nécessaire.

L'assurance contre la maladie est aussi nécessaire qu'utile pour les travailleurs. C'est même une chose très urgente, parce que la maladie prive l'ouvrier de son salaire et l'oblige à contracter des dettes.

En France, depuis 1880, bon nombre de Sociétés de secours mutuels se sont créées pour parer aux difficultés de l'existence. Quoiqu'elles n'aient pas un caractère expressément socialiste, elles ne contribuent pas moins à rendre de grands services à leurs adhérents.

Au 31 décembre 1897, on comptait 11.355 Sociétés comprenant 180.592 membres. En 1904, il y avait 17.232 Sociétés comprenant 3.500.000 adhérents ; puis, depuis cette date, le nombre s'est accru dans des proportions analogues.

Il y a, à l'heure actuelle, environ 5.500.000 mutualistes. Leur fortune, presque tout entière dans les caisses de l'Etat, s'élève à 405.639.429 francs.

Mais, dans le nombre déjà cité de 5.500.000 mutualistes, il n'y en a malheureusement qu'un million et demi qui soient assurés contre la maladie, et encore ceux-ci ne sont-ils pas tous des salariés français, qui devraient être protégés contre la maladie ; l'assurance n'en protège donc qu'une très faible minorité, et cependant, de toutes les assurances ouvrières, celle-ci est une des plus nécessaires et des plus justifiées.

L'Allemagne monarchique compte au nombre de ses lois ouvrières la loi obligatoire de l'assurance contre la maladie. La France démocratique en est encore à se demander si c'est utile.

Si, d'une part, nous reconnaissons que la classe ouvrière a bénéficié de lois importantes ; si, d'autre part, nous pensons que cela n'est pas suffisant et qu'il reste encore beaucoup à faire dans cet ordre d'idées ; si nous plaçons toutes nos espérances dans l'association, *dans le syndicat*, c'est que nous remarquons que la concentration capitaliste a su, elle aussi, mettre à profit les bienfaits de l'association.

En effet, le salariat, qui lutte constamment pour arriver à bénéficier intégralement de sa production, voit se dresser devant lui les nouvelles citadelles du *capitaliste moderne*. Ces citadelles, ce sont les grandes industries, les grands magasins qui, constitués en Sociétés anonymes, ayant à leur disposition des capitaux formidables, écrasent la petite industrie, le petit commerce, et, à l'instar de la grande Amérique, organisent les trusts qui, seuls, peuvent

leur permettre de tenir le salariat sous leur joug. Il n'est pas diffi-
cile de constater qu'à Paris même, il existe d'énormes magasins
qui font des millions d'affaires chaque année. On peut, à titre
d'exemple, citer les plus importants, tels que :

Le « Bon Marche », qui faisait 67 millions d'affaires annuelles
vers 1877, en fait 150 en 1887, 180 en 1900 ; aujourd'hui, il ne
s'écarte guère de 220 millions, soit en l'espace de 30 ans une augmentation de plus de 150 millions.

Le « Louvre » faisait 40 millions en 1880, 120 en 1893 et
aujourd'hui environ 160 millions.

La « Belle Jardinière » faisait 40 millions en 1908, aujour-
d'hui 50 millions.

Le « Printemps » fait de 37 à 40 millions et la « Samaritaine »
70 millions. Quand on pense qu'à la « Samaritaine » les propriétaires de cette grande exploitation ne doivent leur fortune qu'à la
fidélité de leur personnel et à la classe ouvrière qui, profitant des
bons de crédit — innovation capitaliste — se sert dans ce magasin,
parce qu'il est possible de se libérer par petites sommes, on se
demande s'il ne serait pas juste que les bénéfices reviennent —
tout au moins en partie — à cette classe ouvrière qui provoque
à elle seule le chiffre d'affaires de 70 millions indiqué plus haut.

Ceci nous fait songer un peu aux coopératives de consommation
qui, à l'heure actuelle, sont un peu de ce que rêve le socialisme
collectiviste. Elles sont peu nombreuses, ces coopératives, et cependant, celles qui existent rendent à la classe ouvrière — et même
à la classe bourgeoise qui ne se fait pas faute de s'en servir —
de signalés services. Le syndicalisme, organisme de production
comme la coopérative organisme de consommation, ont des tendances à croitre, à progresser ; il faut donc que ces deux facteurs
de l'ordre économique socialiste fassent en sorte que leur système
en impose par la clarté, la simplicité, aux différents systèmes
bourgeois du « laisser-faire », du « laisser-aller », car ce n'est
pas tout d'être en ébullition, il faut prouver par des actes que le
système appelé à remplacer l'autre est meilleur et plus profitable
à tous.

Le syndicalisme est appelé à recueillir — dans l'ordre économique — une succession pour laquelle il se prépare depuis longtemps déjà, et s'il est si décrié, s'il fait tant peur à la bourgeoisie
capitaliste, ce n'est pas simplement parce que ses militants font
beaucoup de bruit ; c'est surtout parce qu'il pose et résout un pro-

blème qui est l'avant-coureur des pires catastrophes pour le capitalisme moderne.

En effet, dans les premières années, vers 1890, le syndicalisme n'effrayait pas ; au contraire, il trouvait, dans ceux qui se sont hissés sur les épaules du prolétariat pour arriver au pouvoir, de véritables défenseurs ; c'est ainsi que M. Georges Clemenceau — qui durant son passage à la présidence du Conseil n'a cessé de brimer la classe ouvrière organisée dans ses syndicats — alors qu'il n'était que simple journaliste et connu pour ses idées avancées, écrivait dans la *Mêlée Sociale* ce fragment d'article que je me permets de citer :

Si le travailleur pouvait obtenir du moins que la force sociale, qu'on lui avait annoncée libératrice, ne fût pas employée contre lui. S'il pouvait la trouver devant lui bienveillante ou même impartiale... Si les associations qu'il forme pour défendre ses intérêts n'étaient pas, de cent façons, traquées, désorganisées, brisées, sous prétexte qu'elles ne conduisent pas la lutte comme le souhaiteraient ceux qu'elles sont chargées de combattre, il ferait effort sur lui-même....

Mais que voit-il ? Les pouvoirs publics acharnés à détruire les syndicats ouvriers en les privant de leurs chefs librement choisis, les lois ouvrières depuis dix ans ajournées, les réformes d'impôt vainement discutées.

Et maintenant... voici que la liberté politique elle-même, instrument de conquête de la justice sociale, menace de sombrer dans la grande banqueroute de la bourgeoisie républicaine.

Lorsqu'un homme de l'importance de M. Clemenceau tient un pareil langage et que, quelques années plus tard, ce même homme, tenant enfin le pouvoir, agit d'une façon révoltante vis-à-vis de la classe ouvrière organisée dans ses syndicats, il est permis de regretter que le régime républicain permette de pareilles volte-face, et la bourgeoisie républicaine est bien coupable de laisser entre les mains de pareils hommes les destinées de la France républicaine démocratique.

Depuis quelques années, il semble que la bourgeoisie républicaine, qui détient constamment le Pouvoir, n'a d'autre objectif que d'annihiler les efforts de la classe ouvrière en vue de son émancipation intégrale, nous en trouvons la preuve dans les mesures criminelles prises à l'égard des travailleurs de la voie ferrée qui, la preuve en a été faite, n'étaient pas en dehors de la loi reconnaissant aux travailleurs le droit de grève. Ce droit a été retiré au profit des *puissances capitalistes* dont les gouvernants sont les prisonniers et non au profit de la *nation, comme l'ont osé dire* les dirigeants d'alors.

C'est aussi M. Aristide Briand — renégat plus cynique que Clemenceau — père de la grève générale — qui, dans un discours célèbre, prononcé en décembre 1899, au Congrès général du Parti socialiste révolutionnaire français, préconisait la grève générale par les syndicats organisés comme étant le seul moyen efficace pour arriver à substituer au régime capitaliste que nous subissons le régime collectiviste, c'est-à-dire la socialisation des moyens de production et d'échanges.

Quelques extraits du discours prononcé par M. Aristide Briand, au Congrès socialiste de 1899, suffiront à édifier les lecteurs sur la mentalité de ceux que l'on peut appeler sans crainte les fossoyeurs de l'honnêteté républicaine.

En effet, que peut-on envisager de plus démoralisant pour le prolétariat que ces appels enflammés d'une part et les actes criminels accomplis par ceux qui se sont hissés sur les épaules du prolétariat pour mieux le trahir et l'asservir à la domination capitaliste ?

Dans un de ses discours, M. Briand s'exprimait ainsi :

« La grève générale (1) est une des conceptions à laquelle j'ai tout particulièrement consacré mes efforts de propagande et que je me félicite d'avoir fait adopter par le premier Congrès corporatif auquel elle fut soumise.

« Je ne suis pas partisan de la grève, j'entends de la grève partielle. Je la juge néfaste, et même quand elle donne des résultats, je considère qu'elle ne compense jamais les sacrifices consentis.

« *La grève partielle est presque toujours vouée à l'impuissance, parce que les ouvriers engagés dans un conflit ne se trouvent jamais, en réalité, aux prises avec des patrons isolés. Les travailleurs en grève sont bien réellement isolés, eux, même quand ils ont l'aide morale et matérielle du prolétariat. Qu'est cet appui à côté de celui que trouvent les patrons auprès des Pouvoirs publics ? Le patron n'est jamais seul ; il a toujours avec lui, pour lui, tous les moyens de pression dont dispose sa classe, l'ensemble des*

---

(1) *La Grève générale*, discours prononcé par M. Briand, ancien président du Conseil, en vente à *l'Humanité*.

forces sociales organisées : magistrature, fonctionnaires, soldats, gendarmes, policiers.

« *Etant donnée cette situation : d'une part, le patronat toujours engagé tout entier dans chaque grève, et cela d'une manière effective ; d'autre part, le prolétariat toujours isolé dans les conflits économiques, qu'est-il arrivé ? Après un certain nombre d'expériences, il est arrivé que les travailleurs conscients se sont rendu compte de l'inutilité, tout au moins de l'insuffisance de leurs efforts. Ils en sont venus très vite à se demander s'il ne serait pas possible de tirer un meilleur parti de l'organisation syndicale.*

« *Le résultat de leurs réflexions a été ce qu'il devait être : il les a conduits instinctivement à la conception de la grève générale, en sorte qu'il m'a suffi, soit dans les conférences, soit dans les congrès, de la dégager en une formule précise pour me trouver aussitôt en communion d'esprit avec les représentants du prolétariat organisé... »*

Au point de vue révolutionnaire, il était encore plus précis en déclarant que la *grève générale* permettait au prolétariat organisé de faire plus rapidement et avec plus de succès la révolution politique et économique.

A une objection faite que la grève générale amènerait fatalement la révolution, il s'exprimait ainsi :

« *Conseiller à nos militants de faire la révolution ? Ah ! citoyens, ils en ont bien l'envie et, si cela ne dépendait que d'eux, ils seraient bien vite dans la rue. Ils n'y vont pas, parce qu'ils prévoient comment ils y seraient reçus, parce qu'ils savent bien que leurs efforts seraient noyés dans le sang.*

« *Ils comprennent que la révolution de demain, celle qui émancipera le prolétariat, ne peut être efficacement tentée par les vieux procédés révolutionnaires. Non pas, camarades, que je les réprouve. Je suis de ceux qui se feront toujours scrupule de décourager les bonnes volontés, sous quelque forme elles se manifestent.*

« *Allez à la bataille avec le bulletin de vote si vous le jugez bon, je n'y vois rien à redire. J'y suis allé, moi, comme électeur, j'y suis allé comme candidat, et j'y retournerai sans doute demain. Allez-y avec des piques, des sabres, des pistolets, des fusils : loin de vous désapprouver. je me ferai un devoir. le cas échéant, de prendre une place dans vos rangs... »*

Plus loin, parlant de l'intervention certaine de l'armée pour anéantir les efforts des révolutionnaires, en cas de grève générale révolutionnaire, il indiquait nettement ce que les révolutionnaires devaient faire, d'ores et déjà, pour s'assurer le concours de l'armée.

« L'armée est bien en effet, l'obstacle, le danger avec lequel il faudrait surtout compter en période de grève générale. On peut préconiser la grève des soldats, on peut même essayer de la préparer, *et vous avez raison de me rappeler que nos jeunes militants s'emploient à faire comprendre à l'ouvrier qui va quitter l'atelier, au paysan qui ne déserte les champs que pour aller à la caserne, qu'il y a des devoirs supérieurs à ceux que la discipline voudrait leur imposer.*

« En cas de grève générale, l'armée ne serait plus un instrument aussi souple, aussi docile, entre les mains de la bourgeoisie. Celle-ci, qui n'ignore pas la force des sentiments familiaux, s'est toujours prudemment abstenue de la mettre aux prises avec celle de la discipline. Aussi, à de rares exceptions près, n'est-ce jamais dans leur pays, au milieu des leurs, que les jeunes gens accomplissent leur période de service militaire. Et c'est grâce à cette précaution que la société capitaliste a pu faire expérimenter à Fourmies, dans de la chair ouvrière, la force de pénétration des balles lebel.

« En période de grève générale, cette combinaison scélérate se trouverait déjouée. Dans l'armée, en effet, nombreux seraient les fils, les frères, les neveux, les parents à un degré quelconque d'ouvriers en grève.

« Quand on commanderait au soldat faisant son service dans une autre région que la sienne, mais ayant laissé dans son pays une famille de travailleurs, de tirer sur les grévistes, le petit pioupiou pourrait bien se faire cette réflexion : « On me dit, à moi, de tirer « sur ces ouvriers qu'on me présente comme des étrangers. Mais aux « soldats des régiments, qui servent dans mon pays, on commande « peut-être à la même heure de fusiller mon père, mon frère, un des « miens? » Et alors, si l'ordre de tirer persistait, si l'officier, tenace, voulait quand même contraindre la volonté du soldat, quand elle est envahie par des préoccupations de cette nature, ah ! sans doute, les fusils pourraient partir, mais ce ne serait pas peut-être dans la direction indiquée... »

Et, en matière de conclusion, il s'écriait :

> « *Cette possibilité d'affaiblir ainsi l'armée entre les mains de la classe capitaliste, n'est-ce pas une considération favorable à la conception de la grève générale ?* »

Ceci se passait en 1899, sous le ministère Waldeck-Rousseau M. Briand ne fut pas inquiété le moins du monde ; il put même continuer son active propagande en faveur de la conception de la grève générale. Aujourd'hui, pour des écrits ou des discours moins révolutionnaires que celui prononcé par M. Briand, on enferme en prison, par les moyens de la cour d'assises ou de la correctionnelle, les militants qui osent écrire ce que tous les honnêtes gens pensent, tels Hervé et, récemment, nos camarades Baritaud, Viau et Dumont, coupables d'avoir osé mettre en pratique une grande œuvre syndicaliste : *Le Sou du Soldat* et d'avoir rappelé aux syndicalistes qui accomplissent leur période militaire, de ne pas négliger, le cas échéant, leur devoir de travailleur, quoique momentanément en dehors de l'action ouvrière.

Malgré tous ces heurts, tous ces cahots, toutes ces injustices, le syndicalisme progresse tant en autorité morale que par le nombre, toujours croissant, de ses adhérents ; en effet, son action, toujours grandissante et bienfaisante, attire l'attention du monde ouvrier, et les syndicats confédérés récoltent à l'heure actuelle les fruits d'une inlassable propagande, de même qu'ils prouvent, *par les améliorations acquises sur la classe capitaliste*, qu'ils sont forts et seuls à pouvoir lutter efficacement en vue de l'émancipation intégrale du prolétariat.

C'est donc par la propagande, *c'est-à-dire par l'éducation des masses ouvrières*, que le syndicalisme progresse ; en conséquence, il faut permettre aux militants syndicalistes de s'éduquer, pour pouvoir porter, dans la masse toujours amorphe, les fruits d'une éducation acquise dans un milieu ouvert à toutes les idées de progrès et de libre pensée.

Ce milieu, *c'est la Franc-Maçonnerie*. En effet, nulle organisation n'offre plus d'éléments pour l'éducation économique, pour l'examen des problèmes sociaux en général que cette vaste association ; et c'est pour cela que nous mettons en garde nos camarades contre les mesures vexatoires qui sont demandées par quelques socialistes et syndicalistes contre ceux qui pensent que, dans la lutte ardente et sans merci qui est menée contre toutes les forces de réaction, politiques et économiques, coalisées, ce qu'il y a de mieux à faire, c'est de connaitre la pensée de ceux qui sont nos adversaires de par leurs sentiments, leurs situations.

C'est en leur démontrant que le système préconisé par le socialisme et le syndicalisme est le meilleur, le plus profitable, que nous attirerons à nous les adversaires ou les indifférents. La Franc-Maçonnerie, pour les socialistes comme pour les syndicalistes, est une école où les problèmes sociaux peuvent le mieux se discuter, parce qu'ils sont étudiés ; là, pas de parti pris, pas d'école luttant contre une autre école, pas de majorité ni de minorité se disputant la victoire ; dans l'esprit de tous ceux qui collaborent étroitement à l'étude des projets et lois pouvant améliorer le sort de la race humaine, préside un sentiment de loyale fraternité que les syndicalistes et socialistes conscients, qui ne connaissent pas l'institution de la Franc-Maçonnerie, envieraient s'ils étaient à même de s'en rendre compte.

D'ailleurs il n'échappera à personne des lecteurs que ce qui peut surtout permettre de prendre une résolution convenable sur une question, c'est précisément d'en avoir entendu, dans le calme et la fraternité de la discussion, le pour et le contre. Or, dans les réunions publiques, il est malaisé — car là, nous ne sommes pas dans un milieu préparé à la discussion — de faire valoir efficacement sa thèse.

La Franc-Maçonnerie, comme je le démontrerai au chapitre suivant, est, quoi qu'on en dise, une institution excellente, une école spéciale pour les militants — et ils sont nombreux — qui préfèrent examiner consciencieusement les problèmes qui leur tiennent à cœur afin d'en tirer la meilleure solution, que de perdre le peu de temps qu'ils ont de disponible dans des réunions où il n'y a que discussions stériles et oiseuses, et d'où l'on se retire sans avoir rien appris. Dès lors qu'il est du devoir du militant de s'instruire et de s'éduquer, il serait monstrueux de l'empêcher d'aller là où il peut mieux le faire, sous de fallacieux prétextes, car les adversaires de la Franc-Maçonnerie ne savent pas au juste ce qu'ils ont à reprocher à cette institution et les vagues griefs qu'ils invoquent ne sauraient suffire aux syndicalistes, qui ne sont pas de parti pris, pour demander l'exclusion des prolétaires francs-maçons du sein de la grande famille confédérale.

Exposé des griefs invoqués
contre la Franc-Maçonnerie

Quels sont, jusqu'à ce jour, et en dehors des questions de personnalités et de tendances, les griefs invoqués contre la Franc-Maçonnerie ?

A ma connaissance, je n'en connais que quelques-uns que je vais énumérer :

1° Qu'elle est une institution bourgeoise ;

2° C'est un groupement inféodé au Parti radical-socialiste ;

3° Qu'elle est une entrave au développement du socialisme, du syndicalisme et des coopératives ouvrières ;

4° C'est une puissance occulte conservatrice ;

5° Ses membres professent une solidarité politique nuisible aux intérêts de la classe ouvrière organisée ;

6° Les cotisations, trop élevées, empêchent nombre de prolétaires d'y entrer.

Voilà donc des griefs formellement établis. Dans l'exposé qui va suivre, en ce qui concerne la Franc-Maçonnerie, le lecteur pourra se rendre compte qu'aucun des griefs ci-dessus précités n'est exact.

La Franc-Maçonnerie

Son origine, ses principes, son action, son but

La Franc-Maçonnerie est, sans conteste, la plus ancienne société secrète qui existe sur terre. Elle est universelle, puisqu'elle s'étend sur toute la surface du globe.

Le *Dictionnaire Larousse* explique ainsi ce qu'est la Franc-Maçonnerie :

« Les francs-maçons se considèrent comme frères et doivent s'entr'aider en quelque lieu qu'ils se trouvent, à quelque nation, à quelque classe de la société qu'ils appartiennent. On n'est admis dans l'ordre qu'après certaines cérémonies initiatrices ; les adeptes jurent de ne rien révéler des secrets de l'ordre.

« Quelques érudits font sortir la Franc-Maçonnerie des mystères de l'Egypte ou de la Grèce ; on l'a même fait remonter jusqu'à la construction du Temple de Jérusalem, sous Salomon, en lui donnant pour fondateur et premier grand-maître, Hirams, architecte de ce Temple. Mais le plus grand nombre pensent, avec plus de raison, que l'institution maçonnique doit son existence à une confrérie de maçons constructeurs, qui, au huitième siècle, voyagèrent en Europe et construisirent les basiliques gothiques.

« Cette société perdit avec le temps son caractère primitif ; des personnes étrangères à l'architecture y furent admises, cependant, les noms et les instruments de l'art des francs-maçons, longtemps tenus secrets, furent divulgués peu à peu. Les associations maçonniques se transformèrent en sociétés purement mutualistes, philanthropiques et politiques, et conservèrent, en souvenir du passé, des signes et des emblèmes, comme le tablier, l'équerre, le compas.

« En 1772, fut fondé le *Grand Orient de France ;* en 1801, le *Rit Ecossais.* Ces deux Rits prédominent en France ; ils sont aussi, avec le Rit Anglais, les plus répandus dans le monde. Pour les francs-maçons, la *loge* ou *l'atelier* est le lieu des assemblées maçonniques.

« Le président est dit *vénérable* ».

Evidemment ce récit, quoique assez juste, n'est pas la vérité historique ; il suffit cependant à indiquer les principes directeurs de cette vaste association.

La Franc-Maçonnerie française, selon l'avis du célèbre astronome Lalande, vit le jour vers 1716 et fut importée en France par quelques jacobites anglais, dont le comte de Derwent-Water Dès sa naissance, la Franc-Maçonnerie française sut s'imposer à l'attention des Pouvoirs publics et du clergé ; elle donna quelques bons conseils aux premiers — tant au point de vue politique qu'économique, — elle effraya le second par ses doctrines d'émancipation intellectuelle ; dès lors, une nouvelle ère s'ouvrait qui devait aboutir à la grande Révolution de 1789.

D'ailleurs, que cherchons-nous à expliquer ? simplement que, depuis son origine même, la Franc-Maçonnerie n'a eu d'autre pensée que de pratiquer la solidarité, d'étudier, au jour le jour, les vastes problèmes politiques et sociaux qui se posent devant l'esprit des êtres humains, et de préparer les voies devant conduire tous les hommes vers un mieux-être, vers un idéal toujours plus élevé.

Nous nous bornerons donc à montrer loyalement ce qu'a été la Franc-Maçonnerie, ce qu'elle a fait aux différentes époques de l'histoire de la France, ce qu'elle fait à l'heure actuelle, ce qu'on est en droit d'espérer d'elle et ce, au double point de vue politique et économique.

Deux grands facteurs ont fait, dès le début, la force de la Franc-Maçonnerie : *la Solidarité* et *l'Internationalisme*. La Solidarité, en vertu de laquelle tous les membres de la confrérie se devaient mutuellement assistance envers et contre tous ; l'Internationalisme qui, déjà, dans la maçonnerie, effaçait, avec les frontières, les haines mesquines de clocher. C'est grâce à cette largeur d'esprit de ses règlements que la Franc-Maçonnerie ancienne put, au moyen âge, et jusqu'à une époque avancée des temps modernes, triompher des rois, des papes et du clergé, à la domination desquels elle échappait.

Malgré cela, et de tout temps, la Franc-Maçonnerie a rencontré des hostilités violentes, a été en butte à toutes sortes de calomnies. Parmi ces attaques, il y en a qu'elle peut dédaigner : quand il ne s'agit que d'outrages, d'imputations vagues, il suffit du silence, du mépris.

Quelques uns disent : la Franc-Maçonnerie est une société

secrète, qui, conspirant dans les ténèbres, prépare l'invasion des étrangers en France.

D'autres, ayant probablement fouillé dans les livres de Léo Taxil ou du tartufe Copin-Albancelli, croient que la Franc-Maçonnerie exerce sur ses membres une juridiction souveraine, qu'elle condamne à mort ceux qui manquent à leurs engagements, qu'elle charge un membre de l'exécution capitale, et que, s'il se refuse à accomplir cet office de bourreau, il est lui-même frappé d'une sentence de mort, à laquelle il ne peut échapper ; c'est bouffon ou grotesque, c'est même les deux à la fois.

On confond trop facilement la Franc-Maçonnerie avec quelques sociétés secrètes qui existèrent au XIX° siècle. Ces sociétés absolument politiques, créées pour un motif déterminé, n'étaient nullement comparable à la Franc-Maçonnerie. Parmi celles qui firent grand bruit, il convient de citer la secte des *carbonari* (mot italien qui veut dire charbonnier) ; cette société secrète et politique se forma en Italie, au commencement du dix-neuvième siècle; l'objet principal de cette société était le renversement des gouvernements monarchiques et l'introduction d'institutions démocratiques. En Italie, elle se proposait surtout l'expulsion des étrangers et l'unification de la patrie italienne. Elle était organisée en groupes de vingt associés appelés *ventes*. Elle avait pour règle de punir de mort ceux des affiliés qui trahiraient les secrets de l'Association.

Plus tard, il y eut en France, sous le règne de Louis-Philippe, des sociétés secrètes qui étaient la continuation de celle des carbonari et qui visaient au rétablissement de la République.

La plus célèbre était celle des *Saisons*. Lorsque la révolution de février 1848 amena leur triomphe, elles n'eurent plus de raison d'être. Une petite anecdote permettra au lecteur de se rendre compte du caractère véritable des associations secrètes politiques, qui existaient à cette époque ; elles étaient complètement en dehors de la Franc-Maçonnerie :

Caussidière (Marc), qui en était un des principaux membres, fut appelé au poste de Préfet de police ; il fut péniblement surpris en trouvant, dans les archives de la préfecture, des rapports qu'adressait au roi l'un des associés, nommé Lucien Delahodde. Irrité de cette odieuse trahison, il fit arrêter le coupable et le fit comparaître devant un tribunal secret, composé suivant les statuts de la société des Saisons. La plupart conclurent à la peine de mort ; et cette condamnation, si elle n'eût pu être justifiée au point de vue légalité, aurait pu l'être par le droit naturel.

Mais Caussidière eut une heureuse inspiration : il se rappela qu'il était magistrat, chargé de faire respecter les lois, et qu'il commettrait une forfaiture en disposant arbitrairement de la vie d'un citoyen. On laissa le misérable en liberté, livré à ses remords et à l'infamie.

C'est là un exemple instructif. Dans les sociétés de conspirateurs, la punition des traîtres, bien qu'illégale, s'excuse par la nécessité et peut même être justifiée dans les pays qui, privés d'institutions libres, ne peuvent se remettre en possession de leurs droits que par des moyens violents.

Il y avait chez les Grecs, des *mystères*, comme ceux d'Eleusis, de Samothrace, etc... où l'on n'était admis qu'après de longues et pénibles épreuves. De terribles malédictions étaient lancées contre ceux qui en révéleraient les secrets. L'histoire ne nous dit pas que des vengeances matérielles aient été exercées contre ces parjures.

On pourrait citer aussi la *Sainte-Vehme*, société secrète qui exista au quinzième siècle. Cette société (cour *Vehmique*, ou *Tribunal des francs-juges*) qui rayonnait dans toute l'Allemagne, avait pour but de maintenir la paix publique et la religion, elle déférait à sa justice tous les seigneurs et chevaliers brigands de ce pays. Fait significatif : cette institution fut tolérée pendant plusieurs siècles par les Pouvoirs publics comme correctif d'un mal plus grand.

On pourrait en citer beaucoup d'autres, telles que l'institution de la loi de Lynch, en Amérique ; la Main noire en Italie.

En France, où le suffrage universel assure la souveraineté du peuple, les sociétés secrètes exclusivement politiques n'ont plus de raison d'être, tout attentat contre les Pouvoirs légalement établis est un crime contre la souveraineté du peuple.

D'autre part, il serait stupide de vouloir soutenir que la Franc-Maçonnerie puisse exercer, sur ses membres, une juridiction souveraine. Quand un de ses membres manque à ses devoirs, ou devient nuisible à l'Association, elle le met purement et simplement à la porte.

Un exemple assez récent prouvera que la Franc-Maçonnerie n'a jamais exercé, contre qui que ce soit, de vengeances matérielles

Il y a quelques années, vers 1904-1905, la réaction qui cherchait, par tous les moyens possibles, à détourner le Parlement de son intention de voter la loi de séparation des églises et de l'Etat, avait trouvé, dans l'affaire des fiches, le moyen de battre en brèche le gouvernement de M. Combes. La Franc-Maçonnerie, qui était, au dire des réactionnaires, le rempart, la pierre angulaire de la République, en même temps que l'initiatrice du projet de loi de séparation, était l'objet de ses attaques perfides et sournoises ; il fallait à toute force créer un scandale qui permit d'atteindre le gouvernement en le représentant comme dépendant complètement de la Franc-Maçonnerie.

Les réactionnaires, par cette manœuvre, espéraient faire tomber le projet de loi de séparation en faisant tomber le gouvernement

Qui veut la fin veut les moyens, dit-on. La réaction, qui concilie très facilement le vice avec la vertu, crut pouvoir trouver, dans l'affaire des fiches, le levier puissant pouvant faire crouler l'édifice. Un beau jour (28 octobre 1904), un député de la droite, M. Guyot de Villeneuve, monta à la tribune de la Chambre et interpella le Ministre de la guerre d'alors, le général André, sur l'organisation de la délation dans l'armée.

Possesseur d'un volumineux dossier, d'un nombre considérable de lettres, l'honorable député se mit en devoir de donner lecture de quelques fiches adressées, par des employés du Grand-Orient, au Ministère de la guerre, fiches donnant des renseignements sur l'attitude, réactionnaire ou républicaine, de quelques officiers. Il n'est pas nécessaire de revenir sur ce que fut, à cette époque, l'affaire des fiches : elle est encore présente à la mémoire de tous.

Ce qu'il faut savoir, c'est ceci :

Les fiches, lues à la tribune du Parlement par M. Guyot de Villeneuve, *avaient été volées au Grand-Orient* par un employé du secrétariat général, nommé *Jean Bidegain* ; cet employé traître et voleur, probablement soudoyé par les réactionnaires, avait reçu, pour le prix de son *vol et de sa trahison*, la somme de 40.000 francs.

On a prétendu que la Franc-Maçonnerie avait décrété sa mort et, pour donner corps à ce bruit, les réactionnaires le firent passer en Belgique pour lui éviter d'être assassiné...

Il y a de cela six ans : à l'heure actuelle, *non seulement il vit*, mais la réaction, pour l'occuper, lui fait écrire contre la Franc-Maçonnerie des livres où l'inepte se mêle à l'absurde. En résumé, la Franc-Maçonnerie, qui est contre la peine de mort, par doctrine et par sentiment d'humanité, ne pansera jamais ses plaies avec du sang, fût-il d'une fripouille.

⁂

Si, chez les socialistes comme chez les syndicalistes, on reconnaît que la Franc-Maçonnerie n'exerce aucune vengeance matérielle sur qui que ce soit, il n'en reste pas moins, dans l'esprit de beaucoup de nos amis que *le caractère bourgeois*, qui semble être le fond de cette vaste association, influe, déteint sur les militants des organisations socialistes et syndicalistes et paralyse leurs mouvements en restreignant leur indépendance.

Si la chose était exacte, aucun des militants qui appartiennent à la Franc-Maçonnerie ne consentirait à y rester une minute de plus. Mais c'est, précisément le contraire qui se produit.

La Franc-Maçonnerie, comme toutes les sociétés d'études philosophiques ou sociales, a évolué. Sous l'influence des progrès de la Science, *de même qu'en considération de l'application de ses principes philosophiques et sociaux*, la Franc-Maçonnerie française s'est vue dans l'obligation de s'adapter *matériellement à l'état de choses existant ;* est-ce à dire qu'elle ait renoncé à poursuivre sa route vers un idéal toujours plus élevé ? Que non. Au contraire, elle s'est efforcée et s'efforce chaque jour, dans la mesure du possible, d'exercer son influence à faire triompher ce qu'elle croit être la vérité.

Sous le régime républicain, comme sous les différents régimes monarchiques, la Franc-Maçonnerie ne s'est pas départie un seul instant — tant au point de vue national qu'au point de vue international — de son idéal qui est sa raison d'être, de son action qui fait sa force.

Son idéal ! Il pourrait se résumer dans le magnifique discours que prononçait, vers 1740, c'est-à-dire à l'aurore de la Franc-Maçonnerie, son premier président, le duc d'Antin.

« Les hommes ne sont pas distingués essentiellement par la différence des langues qu'ils parlent, des habits qu'ils portent, des pays qu'ils occupent, ni des dignités dont il sont revêtus. Le monde entier n'est qu'une grande République, dont chaque nation est une famille et chaque particulier un enfant. C'est pour faire revivre et répandre ces essentielles maximes, prises dans la nature de l'homme, que notre société fut d'abord établie. Nous voulons

réunir tous les hommes d'un esprit éclairé, de mœurs douces et d'une humeur agréable, non seulement par l'amour des beaux-arts, mais encore plus par les principes de vertu, de science et de religion, où l'intérêt de confraternité devient celui du genre humain entier, où toutes les nations peuvent puiser des connaissances solides, et où tous les sujets de tous les royaumes peuvent apprendre à se chérir mutuellement, sans renoncer à leur patrie...

« ...*Quelle obligation n'a-t-on pas à ces hommes supérieurs qui, sans intérêt grossier, sans même écouter l'envie naturelle de dominer, ont imaginé un établissement dont l'unique but est la réunion des esprits et des cœurs, pour les rendre meilleurs et former, dans la suite des temps, une nation toute spirituelle, où, sans déroger aux divers devoirs que la différence des Etats exige, on créera un peuple nouveau qui, étant composé de plusieurs nations, les cimentera toutes, en quelque sorte, par le lien de la vertu et de la science.* »

Puis après avoir souhaité que la France — souhait bien légitime — devienne le centre de la Franc-Maçonnerie universelle, le duc d'Antin s'écrie :

« *C'est dans nos loges à l'avenir, comme dans nos écoles publiques, que les Français verront, sans voyager, les caractères de toutes les nations et que les étrangers apprendront par expérience que la France est la patrie de tous les peuples.* »

Ce qu'il y a de remarquable au sujet de ce discours, c'est qu'il fut prononcé, voici près de *deux siècles*, — sous le règne de Louis XV. au moment où la corruption et le déshonneur s'étalaient jusque sur les marches du trône ; *trois ans à peine après que le pape Clément XII eut lancé sa bulle (In Eminenti) qui frappait d'excommunication tous les francs-maçons et appelait contre eux le bras séculier* — dont on connaît la puissance néfaste à cette époque, — par un duc, pair de France, personnage considérable qui ne craignit point les foudres de la monarchie et de l'Eglise, et présenta la Franc-Maçonnerie comme travaillant à faire du monde entier une famille.

Cet exemple de sincérité et d'indépendance s'est manifesté à diverses reprises avec d'autres grands-maîtres de la Franc-Maçonnerie et à des moments critiques de notre histoire, où la réaction cléricaliste était maitresse du Pouvoir et cherchait, par tous les moyens possibles, à battre en brèche une institution qui s'affirmait.

avec tant de véhémence, ennemie avérée du dogme et de la superstition.

Dans un livre publié à Bruxelles, en 1744, et intitulé : *La Franc-Maçonne, ou Révélation des Mystères des Francs-Maçons, par Madame ... »* (1). Livre qui est une apologie déguisée de la Franc-Maçonnerie, et est supposé être fait par la femme d'un franc-maçon de l'époque qui aurait subrepticement assistée à une tenue de loge ; on lit ce passage ayant particulièrement trait au secret franc-maçonnique :

Il est très naturel de deviner le secret des francs-maçons par l'examen de ce qu'on leur voit pratiquer constamment. Ils initient sans distinction les grands et les petits ; ils se mesurent tous au même niveau ; ils mangent ensemble pêle-mêle ; ils se répandent dans le monde entier avec la même uniformité. Il est donc plus que probable, concluai-je, qu'il n'est question chez eux que d'une maçonnerie purement symbolique, dont le secret consiste à bâtir insensiblement une république universelle et démocratique, dont la reine sera la raison et le conseil suprême, l'assemblée des sages.

Une république universelle et démocratique voilà ce qu'était et ce qu'a toujours été l'*idéal suprême* de la Franc-Maçonnerie ; et, puisqu'il fut formulé, un demi-siècle avant la grande Révolution, on peut dire, sans crainte d'être démenti, que les chefs qui se trouvèrent à la tête du mouvement révolutionnaire de 1789 et qui, en grande partie, appartenaient à la Franc-Maçonnerie, surent s'inspirer de cet idéal, en introduisant dans la fameuse « Déclaration des droits de l'homme et du citoyen », les principes directeurs du sentiment maçonnique.

Les adversaires mêmes de la Franc-Maçonnerie qui, à cette époque, avaient un peu plus de pudeur et critiquaient sans calomnier, étaient bien obligés de reconnaître que la Franc-Maçonnerie était une institution visant un but louable quoique en dehors de tout contrôle.

Dans un livre imprimé à Amsterdam, en 1747, intitulé : *Les Francs-Maçons écrasés*, on lit, à côté de fausses révélations, des passages élogieux et véridiques. En voici un extrait :

L'ordre des francs-maçons est une société qui, sous le titre spécieux de la fraternité la plus étroite, réunit ensemble, et dans les

---

(1) Il existe un exemplaire de cet ouvrage à la Bibliothèque de l'Arsenal, à Paris.

mêmes vues, une infinité de personnes, sans que la diversité de caractères, de penchants ou de religion y apporte aucun obstacle. Une politique admirable, répandue dans la doctrine qu'elle enseigne, l'anime, la soutient et s'étend, non seulement sur les frères qu'elle rassemble, mais sur tous les habitants du monde, sans même perdre de vue les nations les plus féroces et les plus sauvages que l'Amérique renferme dans son sein. Or, cette doctrine, qui est comme l'âme de la société, qui en vivifie tous les membres, n'est autre chose, selon les francs-maçons, que ce principe naturel, que cette loi primitive gravée dans tous les cœurs, et qui doit être la base de toutes nos actions...

. . . .

En voici les points principaux : l'Egalité et la Liberté. Ce sont ces prérogatives précieuses que la société revendique, pour en mettre en possession chacun de ses membres ; ce sont elles qui produisent cet effet, admirable, en tarissant les sources empoisonnées d'où d'écoulent tous les maux humains, je veux dire l'ambition et l'avarice.

Il est à noter que, dans ces quelques lignes, se trouvent, peut-être pour la première fois, réunis les trois termes de notre devise : liberté, égalité, fraternité. Voilà donc dressé, à travers les cahots et les heurts subis par la Franc-Maçonnerie française, à l'aurore de sa vie, son idéal tout pénétré des sentiments de justice et de fraternité.

Son action, dès 1740 jusqu'à nos jours, s'est toujours affirmée dans la voie du progrès, par la science et la raison, et sauf quelques fléchissements passagers, on peut dire qu'elle a été la grande école et la grande directrice de l'émancipation morale et matérielle de tous les peuples. Alors qu'elle était traquée par la police et par l'Eglise, ses dirigeants, sans crainte des représailles, affirmaient hautement la nécessité, pour les êtres humains, d'être émancipé, de même qu'ils faisaient appel à la conscience pour la morale et les vertus civiques.

Traquée par la police ! elle l'était depuis sa naissance ; voici un extrait d'une ordonnance de police datée du 14 septembre 1737 qui faisait : *défenses à toutes personnes, de tel état, qualités et conditions qu'elles soient, de s'assembler ni de former aucune association, sous quelque prétexte que ce soit et, notamment, sous celle « de freys-maçons »,* faisant en outre « très expresses » inhibi-

tions et défenses à tous traiteurs, cabaretiers, aubergistes et autres, de recevoir lesdites assemblées de freys-maçons, à peine de mille livres d'amende et de fermeture de leur boutique pour la première contravention, et d'être poursuivis extraordinairement en cas de récidive.

Traquée par l'Eglise ! elle le fut vers la même époque, car : *C'est le 24 avril 1738 que le pape Clément XII lança sa bulle* In eminenti, *le premier anathème pontifical fulminé contre les francs-maçons les frappant d'excommunication* ipso facto *et faisant appel contre eux au bras séculier.*

L'ordonnance de police ne tarda pas à devenir lettre morte ; quand à l'excommunication papale, le Parlement de Paris se refusa à l'enregistrer, l'Eglise en fut pour ses frais ; et, par sa sotte lutte contre la Franc-Maçonnerie, elle ne fit qu'attirer un plus grand nombre d'adeptes à notre institution.

Action vers l'émancipation morale, action vers l'émancipation matérielle, voilà ce que poursuivit la Franc-Maçonnerie dans la période de 1735 à 1775.

Les bases fondamentales de l'Ordre, *la liberté, l'égalité, la fraternité,* sont invoquées avec insistance, comme principes régulateurs et comme « l'apanage précieux des francs-maçons ».

D'ailleurs, ces principes étaient visibles et tangibles dans toutes les loges. Là, tous étaient placés sous le même niveau, sans autre prééminence que celle des offices, conférés par l'élection et pour une durée limitée. Là, disparaissaient les distinctions sociales fondées sur la naissance, sur la faveur royale ou la richesse. Dans les loges militaires, on voyait un officier, d'un rang modeste, présider et avoir pour subordonnés ceux qui lui commandaient au dehors. Les mêmes droits, les mêmes devoirs étaient communs à tous ; et nul ne pouvait gêner le légitime exercice de l'activité d'autrui.

Ainsi fonctionna, dans un pays où l'aristocratie subsistait encore et d'où la liberté était absente, une grande association dont les membres pouvaient se qualifier eux-mêmes : « les citoyens de la démocratie maçonnique ».

Dans son sein, la Franc-Maçonnerie mettait en pratique toutes les doctrines qu'elle préconisait. Au dehors, ses dirigeants, par des discours d'une haute valeur morale, indiquaient au peuple ce qu'elle était, le but qu'elle poursuivait et sa raison d'être.

Vers 1773, Henrion de Pensey, qui occupa la plus haute place de la magistrature française à l'époque, et qui était président du Grand-Orient de France, dans un discours, qui l'honore autant qu'il honora la Franc-Maçonnerie, mit à jour la pensée intime et aussi unanime des francs-maçons de l'époque ; c'était vers la fin du règne de Louis XV, au moment où les scandales royaux se succédaient, où le vice et l'immoralité étaient installés à la cour comme châtelain dans son domaine, où le peuple sentait lourdement peser sur lui cette honte suprême, la fine fleur des représentants de la France se vautrant dans l'abjection, dans l'indignité ; alors ce grand citoyen que fut Henrion de Pensey prononça un discours qui eut beaucoup de retentissement et dont voici la principale partie :

« *Tandis que les générations ne font que passer, gémir et disparaître ; tandis que des siècles ne mettent sous nos yeux que des oppresseurs, des opprimés, des tyrans et des esclaves, qu'il est doux, qu'il est consolant pour l'humanité de voir une association d'hommes (la Franc-Maçonnerie) cimentée par toutes les vertus, unie par tous les liens de l'amitié, de la bienveillance et de la fraternité ! Une pareille association est, de tous les phénomènes moraux, le plus touchant et le plus magnifique. C'est le plus beau monument que les hommes aient élevé à la vertu ; c'est le plus beau spectacle que la terre puisse donner au ciel ; c'est, de tous les présents du ciel, le plus rare comme le plus salutaire.* »

Puis, faisant allusion à l'état de décadence et d'immoralité où se trouvaient les dirigeants de la France à l'époque, il s'écriait :

« *Oui, si la régénération des mœurs est possible, c'est à la maçonnerie qu'il est donné d'opérer ce prodige. Quelle influence, en effet, n'aurait-elle pas, si tous les maçons étaient ce qu'ils doivent être ?* »

Puis il ajoutait :

« *J'ai dit que le véritable maçon était le gardien des mœurs. Tout est renfermé dans cet éloge. Celui qui a des mœurs est le seul homme digne de ce titre auguste, le seul citoyen précieux à la société, le seul politique digne de commander à ses semblables. L'art de gouverner les hommes varie au gré des circonstances.*

« *Il n'en est point où il ne soit nécessaire de leur donner des mœurs. Par elles, les anciens exécutaient les plus grandes choses. Les mœurs, aussi bien que les lois, sont les colonnes sur lesquelles repose la prospérité des empires. Avec des mœurs on se passerait de lois. Sans les mœurs, les plus sages règlements sont inefficaces.* »

Celui qui a des mœurs est digne de commander à ses semblables. Quelle différence avec les temps modernes !

C'est une leçon qu'il importe de retenir et qui, en aucun temps, ne saurait être négligée !

Rôle d'émancipation, rôle moralisateur ; avec de tels principes, une association est digne d'être éternelle.

Les principes, mis en avant par la Franc-Maçonnerie, attirèrent dans son sein tout ce que la France comptait à l'époque de savants, de hauts fonctionnaires, des membres les plus importants de la noblesse, du clergé, de la bourgeoisie et quelques éléments du peuple. Les plus grands hommes se sont honorés d'appartenir à cette institution : on y trouve des noms tels : *Voltaire, Lalande, Littré, Diderot, Washington, Lafayette, Kléber, Hoche, Lazare Carnot, Camille Desmoulins, Mirabeau, Hébert, Babeuf, Louis Blanc, Gambetta, Gustave Flourens, Baudin, Nicolas Lafargue, Madier de Montjau, Condorcet, Danton, Greuze, La Tour d'Auvergne, Proudhon, Marcel Barthe, Arago,* etc., etc. On pourrait ainsi citer des quantités d'hommes célèbres ayant rendu d'éminents services à la littérature, aux arts, à la politique, en un mot tout ce que la France a compté d'hommes d'action.

Le rôle joué par la Franc-Maçonnerie a, sans conteste, contribué à l'éclosion de la grande Révolution de 1789. Des documents, dans le genre de ceux cités aux pages précédentes, prouvent surabondamment la véracité du fait. En effet, alors qu'à ses débuts la Franc-Maçonnerie ne comptait qu'une poignée de membres, à l'époque de 1775 elle groupait environ sept à huit mille membres répartis dans cent quatre loges répandues tant à Paris que dans les principales villes de province. Il est à peine utile, alors que l'on connaît les doctrines de cette institution, d'indiquer avec quelle ardeur, quel zèle, la propagande en vue d'un *nouvel état de choses* se faisait. La semence ainsi jetée à profusion ne tarda pas à pousser, et la *Révolution* en fut la magnifique récolte.

D'ailleurs, le nombre de loges adhérentes au Grand-Orient de France qui, en 1775, était de cent quatre, se trouvait être, en 1789, de plus de *six cents*.

D'autre part, si l'on passe en revue les vénérables et les députés des six cent vingt-neuf loges de 1789, on est frappé d'y voir le clergé, tant régulier que séculier, représenté par vingt-sept vénérables et six députés. Parmi eux se remarquèrent deux aumôniers du roi, le procureur général de l'abbaye de Sainte-Geneviève à Paris, plusieurs prieurs et plusieurs chanoines. Plusieurs d'entre eux eurent même une situation importante au sein du Grand-Orient. Et cependant l'anathème et l'excommunication, fulminés par Clément XII, avaient été réitérés par le pape Benoit XIV, en 1751, dans sa bulle *Providas*.

La noblesse ne fournit pas un moindre contingent au tableau alphabétique. On y relève quarante-huit nobles titrés dont trente-huit vénérables. La noblesse de robe (magistrats) y est représentée par quarante-six vénérables ou députés.

C'est ainsi que les deux ordres privilégiés avaient fusionné avec le tiers état dans les loges et dans la diète maçonnique avant de le faire à Versailles, dans la grande salle des Menus, pour former l'Assemblée nationale.

La première fusion prépara la seconde.

Le contingent fourni par l'armée n'est pas moins remarquable Il y avait soixante-dix loges militaires ; elles étaient présidées par des officiers et sous-officiers de différents grades. Plusieurs d'entre eux, qui étaient des plus obscurs, tels l'aide-major Beurnonville et l'adjudant Masséna, s'illustrèrent et, peu d'années après, furent des généraux dont l'histoire s'ennorgueillit.

Quand commença l'an 1789, la France se préparait aux élections pour les états généraux. C'est, en effet, sous la poussée grandissante des éléments libéraux et réformateurs que le roi Louis XVI, sur les vives instances de deux de ses meilleurs ministres, Turgot et Necker, laissa, en partie, s'opérer la Révolution, malgré les résistances de la noblesse et du clergé qui voyaient là la fin de leurs privilèges. Les francs-maçons ne pouvaient rester indifférents aux sentiments patriotiques et aux aspirations rénovatrices qui occupaient tous les esprits.

Aussi prirent-ils une part active au grand et salutaire mouvement qui se produisit dans le pays.

Leur influence fut prépondérante dans les assemblées primaires et secondaires du tiers état, pour la rédaction des *Cahiers de réformes* et le choix des élus.

Ils avaient, sur les autres citoyens, cet avantage d'avoir été virtuellement initiés à la vie politique par les enseignements reçus en loge.

Ils pénétrèrent en grand nombre dans la représentation nationale et, dès l'abord, y prirent une très grande place ; il suffit, pour s'en rendre compte, de citer trois d'entre eux : Lafayette, Mirabeau et Sieyès. Ainsi donc, la Franc-Maçonnerie a fait ou plutôt préparé et provoqué la Révolution française.

Rien n'est plus exact. C'est dans les loges que furent étudiés les moyens de remédier au marasme dont souffrait la société d'ancien régime. C'est dans les loges que fut préparée l'*Encyclopédie*, ce merveilleux travail, dont l'auteur principal fut Diderot, secondé par toute une pléiade d'écrivains d'élite, au nombre desquels se trouvait le savant d'Alembert. Cette encyclopédie fut le merveilleux aboutissant de l'effort intellectuel et de l'esprit révolutionnaire du dix-huitième siècle.

Si, pour nous, socialistes, la Révolution de 1789 peut nous paraître restreinte et surtout bourgeoise, si nous pouvons regretter qu'elle n'ait fait que changer la fortune de mains, du moins devons-nous, au point de vue libre penseur, saluer en elle l'éclosion de ces idées de tolérance et de libre examen sur lesquelles avait jusqu'alors férocement pesé le poids des siècles passés et auxquelles des citoyens francs-maçons sincères et conscients surent donner enfin droit de cité au grand jour de la vie publique ; de même, elle contribua à faire rendre à l'homme ses droits usurpés, ceux qu'il tenait de la nature : la *liberté*, l'*égalité*.

⁎

Que l'on passe en revue l'histoire maçonnique qui s'étend de 1795 à nos jours, on ne trouvera pas à la maçonnerie une attitude différente, quant aux principes. On pourra facilement objecter que la Franc-Maçonnerie ou plutôt ses dirigeants, furent impassiblement fidèles aux Pouvoirs établis, furent impérialistes sous l'Empire, légitimistes sous la Restauration, philippistes après 1830, républicains en 1848, pour redevenir impérialistes en 1852.

Mais, outre que la politique de quelques-uns ne saurait engager la maçonnerie toute entière, il faut tenir compte de ceci : d'abord la maçonnerie n'est pas une institution politique, mais une institution essentiellement philanthropique, philosophique et progressive ; en conséquence, elle n'avait pas à entrer en lutte officiellement pour soutenir ou combattre telle ou telle forme de gouvernement ; c'est là, la seule raison que l'on puisse donner de sa fidélité, si fidélité il y a eu, aux Pouvoirs publics qui se sont succédé. Il ne faut retenir que ceci : c'est que l'esprit maçonnique qui a fait la Révolution a toujours existé, malgré les difficultés sans fin que la maçonnerie rencontra. L'acuité de la lutte économique et le développement de l'idée révolutionnaire qui caractérisent notre époque n'ont fait que le rendre plus vivant, comme en témoigne la lutte énergique que la maçonnerie mène contre les puissances d'obscurantisme et de dogmatisme, comme en témoignent ses importants travaux pour, au point de vue économique, améliorer le sort du prolétariat.

En ce qui concerne les religions, l'immense majorité des francs-maçons les méconnaissent. Libres penseurs, pour la plupart, ennemis des superstitions et des révélations, ils se devaient de formuler ces conceptions dans leur Constitution même, et c'est pour cela qu'en 1885, à la suite d'un remarquable rapport du regretté citoyen Desmons, sénateur du Gard, ils remanièrent l'article 1er de la Constitution et le firent comme suit :

« La Franc-Maçonnerie, institution essentiellement philanthropique, philosophique et progressive, a pour objet la recherche de la vérité, l'étude de la morale et la pratique de la solidarité ; elle travaille à l'amélioration matérielle et morale, au perfectionnement intellectuel et social de l'humanité.

« Elle a pour principe la tolérance mutuelle, le respect des autres et de soi-même, la liberté absolue de conscience.

« Considérant les conceptions métaphysiques comme étant du domaine exclusif de l'appréciation individuelle de ses membres, elle se refuse à toute affirmation dogmatique.

« Elle a pour devise : Liberté, Egalité, Fraternité. »

Cette nouvelle rédaction supprimait la formule : *A la gloire du grand Architecte de l'Univers*, mais n'était point, comme ses ennemis l'ont affirmé, une profession d'athéisme ; c'est, au contraire, un hommage à la tolérance complète, qui n'impose aucun dogme, pas plus l'athéisme que le théisme.

D'ailleurs, dans un discours remarquable, prononcé en Allemagne, à Cologne, en 1907, par le citoyen Boulley, ancien président du Conseil de l'ordre du Grand-Orient de France, à l'occasion d'une cérémonie tendant au rapprochement des deux puissances maçonniques (allemande et française), il s'exprimait ainsi, au sujet de la suppression du mot Dieu en tête de la Constitution du Grand-Orient de France (1) :

(1) Extrait de la revue maçonnique *l'Acacia* (novembre 1910).

« *N'est-ce pas la proclamation de la liberté de conscience dans sa plus grande étendue, de la tolérance dans le sens le plus élevé du mot ?...*

« *En dehors des dogmes qui séparent les hommes, au-dessus d'eux, la Franc-Maçonnerie doit baser ses travaux et ses efforts sur la raison et la science, ce qui lui attire nécessairement la haine de la plupart des religions, qui sont fondées sur la révélation et la foi aveugle.*

« *Il n'est pas vrai, comme le croient ou plutôt le clament nos adversaires, qu'elle ait pour base l'athéisme et pour but la destruction des religions.*

« *Elle a seulement l'intention de détruire l'obscurantisme, le dogmatisme et la théocratie.*

« *C'est affaire aux religions de se défaire de tout cela pour rester en accord avec elles.*

« *La maçonnerie dit aux hommes : « Vous avez des convictions divergentes, une patrie différente, des sentiments opposés, des intérêts ennemis, mais vous êtes des hommes. La raison, la justice, l'amour doivent vous éclairer. Au-dessus de ce qui vous sépare dans l'espace et dans le temps, au-dessus de ce qui vous divise et vous met en opposition par suite de causes éphémères, de formes passagères et de passions accidentelles, il y a ce qui doit vous réunir : Fraternité, Solidarité et Vertu.*

« *Apprenez à mieux vous connaître et vous aurez conscience de votre conformation égale ; vous vous aimerez et vous collaborerez à une œuvre commune, à l'œuvre éternelle du progrès de l'humanité.*

« *La maçonnerie ne défend à aucun de ses membres d'avoir des convictions, et elle n'en impose à personne. Elle dit à chacun : « Pense, examine, apprends et agis d'après ta conscience et ta « raison. » Lorsqu'un homme religieux adopte cette règle et la réalise, d'accord avec sa foi particulière, il est traité comme ami par la Franc-Maçonnerie. Mais lorsqu'il a une religion qui prétend imposer ses doctrines, qui rejette la liberté de conscience, qui s'efforce de supprimer la raison et d'asservir la science, qui a l'audace de vouloir gouverner et diriger les hommes en particulier et en général, ce n'est pas la Franc-Maçonnerie qui est ennemie de la religion, mais ce sont les œuvres de celle-ci, tendant à l'assujettissement, mais ne peuvent s'accorder avec l'esprit de la Franc-Maçonnerie.*

« *Celle-ci s'efforce de former les hommes d'après la loi morale et avec l'amour du bien. Elle leur prouve que, dans une société humaine progressive, la morale et la vertu sont une nécessité sociale et une devoir sacré, qui ne dépend pas de dogmes ou règles de foi ; que seules elles font la dignité de l'homme et sa supériorité sur les animaux. Elle leur prouve que, plus ses vues s'élargissent, plus son regard va au fond des choses, plus sa sphère d'activité s'étend, plus l'idéal moral grandit, se généralise et devient dominateur du monde. De cet idéal, chaque religion veut faire une propriété particulière, exclusive. Chaque religion dit : « Pour être un honnête homme, tu es obligé de croire à ce que j'enseigne sur Dieu, les hommes et la vie future. » La Franc-Maçonnerie répond à cela : « Non, d'abord tu peux et tu dois être vertueuse ; ensuite, croire ou ne pas croire, d'après ta conscience, mais le principal est de faire le bien. »*

« *Dans la dispute entre le regrès et le progrès, entre l'esprit clérical et la raison laïque, entre la domination de l'Eglise et la liberté de pensée, entre le dogme et la raison, entre l'obscurantisme et la science, dans cette lutte philosophique qui domine désormais toutes les contestations politiques et sociales, la Franc-Maçonnerie doit jouer par définition, essence et destination, un rôle éducatif et constructeur...*

« *Notre maçonnerie française reste ce qu'elle a toujours été : fraternelle et tolérante. Comme elle respecte les convictions de ses adhérents, elle accorde à chacun la liberté de conscience absolue sur ces questions délicates. Elle exige, de ceux qui veulent être admis dans son sein, de la loyauté et l'amour du bien, ce qui leur permet de coopérer ensuite à son œuvre de progrès et de civilisation. »*

Si nous comparons ce discours à celui qui fut prononcé, en 1740, par son premier président, le duc d'Antin, nous nous apercevons facilement que le même idéal, les mêmes doctrines, les mêmes aspirations y sont invoqués ; c'est toujours vers le progrès que tendent tous ses efforts, et c'est une injure gratuite que nous lancent nos adversaires lorsqu'ils prétendent que nous sommes des forbans et des sectaires.

Au point de vue international, l'action de la Franc-Maçonnerie s'est exercée de différentes façons. Ses sentiments humanitaires la poussent toujours vers les solutions pacifiques, vers le pacifisme. Elle a applaudi de tout son cœur à la constitution du tribunal d'arbitrage de La Haye ; si celui-ci, dans les différends entre nations n'a pas toujours fonctionné comme il était de son devoir, la faute en est, non pas, à ces associations humanitaires et d'avant-garde, mais bien aux gouvernants des pays intéressés. Et ça n'est pas d'hier que les francs-maçons ont prouvé qu'ils étaient pacifistes ; une petite anecdote montrera au lecteur combien ces sentiments leur tenaient à cœur :

« C'était après la guerre néfaste de 1870-71, alors que la Commune, isolée dans Paris, vaincue et épuisée, mais ne voulant pas se rendre, essuyait le feu meurtrier des Versaillais, quelques francs-maçons parisiens résolurent de faire cesser ces luttes fratricides, au nombre d'une quarantaine, parés de leurs insignes symboliques, ils se rendirent en voiture au-devant des troupes versaillaises pour essayer d'obtenir l'armistice ; ils eurent quelques moments d'entretien avec quelques chefs de l'armée de Versailles, mais leur démarche n'eut aucun succès. »

L'exemple, cependant, prouve qu'ils étaient des hommes de cœur.

Sans rien oublier des enseignements de l'histoire, sans oublier, non plus, que la force a souvent primé sur le droit et que les peuples victimes des coups de force nous sont plus chers, parce que plus meurtris, sans perdre de vue, un seul instant, que toutes les nations doivent être sœurs et tous les hommes frères, la Franc-Maçonnerie, toutefois, s'ingénie à rendre plus cordiaux, les rapports entre êtres humains.

C'est parce que ça a toujours été son sentiment intime — l'entente entre les peuples — qu'elle s'est associée à toutes les manifestations pour la paix et pour l'entente entre nations.

Dans le domaine des questions strictement économiques, la Franc-Maçonnerie a rempli le rôle que toute société, ayant pour principe et pour but : l'amélioration des êtres humains et de leur existence, peut remplir. Depuis et même avant le régime républicain, les problèmes économiques ont tout particulièrement attiré son attention et, nombreux sont ceux qui ont été étudiés, discutés et soumis aux législateurs, pour devenir des projets de lois ; beaucoup de ces problèmes ont ainsi reçu une consécration définitive et sont devenus lois. Pour se rendre compte de l'importance des travaux dus aux francs-maçons — et ce, de toute nuance politique — il faudrait que je puisse mettre, sous les yeux du lecteur, les rapports documentés, établis par le travail de ceux qui ne craignent pas, et ce sans bénéfice, de distraire de leurs courts loisirs, les moments nécessaires, que dictent le besoin, le devoir de se rendre utile à ses semblables.

Parmi celles qui intéressent plus particulièrement la classe ouvrière on peut citer :

La loi de 1884 sur les syndicats professionnels ;

La loi sur les sociétés coopératives ;

La loi de 1898 sur les accidents du travail ;

La loi de 1881 sur la liberté des réunions publiques ;

La loi de 1892 réglementant le travail des femmes, des filles mineures et des enfants ;

La loi de 1906 sur le repos hebdomadaire ;

La loi de 1910 sur les retraites ouvrières.

Dans un autre ordre d'idées :

La loi de 1881 établissant la gratuité et l'obligation de l'enseignement primaire ;

La loi de 1905 réduisant le service militaire à deux années ;

La loi de 1904 sur l'assistance obligatoire aux vieillards et aux infirmes.

Il est évident qu'il reste beaucoup plus à faire qu'il n'y a de fait, ce qu'il faut remarquer, c'est que les militants socialistes et syndicalistes qui font partie de la Franc-Maçonnerie ne perdent pas leur temps et que c'est en toute indépendance qu'ils collaborent à l'édification de réformes qui intéressent, au plus haut point, toute la classe ouvrière, tout le prolétariat organisé.

Il est donc impossible de prétendre aujourd'hui que la Franc-Maçonnerie n'a plus de raison d'exister, qu'elle est un foyer d'arrivistes et de démagogues, qu'étant entre les mains de la bourgeoisie capitaliste et conservatrice, elle ne peut aucunement servir les intérêts de la classe ouvrière. C'est une erreur complète. Les principes essentiels sur lesquels elle est fondée, le but qu'elle s'est tracé — et dont elle ne s'est jamais départie — de rechercher la vérité, d'étudier la morale et de pratiquer la solidarité, lui permette de rejeter et de dédaigner de pareilles affirmations. N'a-t-elle pas le droit d'être fière de son œuvre, de ses principes, de ses doctrines, cette Franc-Maçonnerie à laquelle a appartenu Condorcet, ce grand penseur du dix-huitième siècle, qui collabora avec Voltaire — qui se fit initier alors qu'il avait plus de soixante-dix ans — Diderot, d'Alembert, collaborateur précieux du grand mouvement littéraire qui devait ouvrir les voies à la Révolution française, ce grand citoyen qui prit une part active aux événements politiques de cette mémorable époque, fut président de l'Assemblée législative.

Que de grands savants, dont nous sommes heureux de pouvoir faire ici l'apologie parce que les services qu'ils ont rendus à l'humanité les placent au-dessus des vaines querelles, ont appartenu à la Franc-Maçonnerie, c'est le physicien Franklin, le chimiste Raspail, le naturaliste Lacépède, le chimiste Berthelot, etc...

Les nationalistes d'aujourd'hui, eux qui veulent avoir le monopole de l'amour de la patrie, ces admirateurs de généraux de sacristie et de fauteurs de coup d'Etat, oseront-ils nier les vertus militaires de nos grands frères de 89, de Hoche, de Carnot, de Kléber, de tous ces héros qui, animés de la foi républicaine, ont lutté contre les émigrés et les monarchies coalisées pour la défense de la patrie et le triomphe de l'idée révolutionnaire ? Mettront-ils en parallèle leur général faussaire que l'affaire Dreyfus a rendu tristement célèbre, avec cet autre franc-maçon appelé Lafayette, qui mit son épée et son grand cœur au service d'un peuple avide d'indépendance.

Ils ont également été des nôtres les sculpteurs Houdon, David d'Angers, le peintre Greuze, ces trois gloires de l'art français. On pourrait en citer bien d'autres. La Franc-Maçonnerie travaille pour le bien de l'humanité, n'appartenant à aucun parti politique, elle laisse ses membres libres d'appartenir aux partis de leur choix, elle n'impose pas telle ou telle doctrine, elle recherche la vérité et la justice, elle pratique la fraternité et la solidarité.

Il apparait donc nettement, après lecture des documents exposés, que la Franc-Maçonnerie n'est pas une association exclusivement bourgeoise puisqu'elle contient des individualités de toutes les classes de la société contemporaine.

D'autre part, n'étant pas une association *politique*, elle ne peut être inféodée à aucun parti, pas plus radical que socialiste.

Institution philosophique, toujours à la tête du progrès dans la recherche de la vérité et de la justice, elle ne peut être et n'a jamais été une entrave au développement du socialisme, du syndicalisme et des coopératives ouvrières. Ses travaux. en faveur de la classe prolétarienne, prouvent son intention formelle de ne rien négliger de ce qui peut améliorer le sort humain, aussi bien dans le domaine philosophique que dans le domaine économique.

Quant à la solidarité, en matière de politique, que l'on reproche à ses membres de professer entre eux, qu'il me soit permis d'indiquer qu'il ne s'agit là que d'exceptions.

Qu'il y ait des francs-maçons socialistes qui, dans les élections, et lorsqu'il s'agit plus particulièrement du deuxième tour, recommandent la candidature de Pierre plutôt que celle de Paul parce que Pierre est franc-maçon, ceci est affaire de conscience et de discipline ; mais ce sont là des cas assez rares et qui n'engagent pas plus la responsabilité de la Franc-Maçonnerie que celle du Parti socialiste.

La solidarité, en matière politique, ne doit pas exister devant les décisions de la majorité du groupement politique auquel on appartient.

Celui qui se rend coupable d'infraction aux décisions prises commet un acte d'indiscipline dont il doit rendre compte. Par conséquent, de solidarité effective il ne peut y en avoir et il n'y en a pas.

La Franc-Maçonnerie laisse à tous ses membres la plus grande liberté tant au point de vue politique qu'économique. Elle n'intervient jamais, en tant qu'institution, dans les luttes électorales ; elle laisse ce soin aux groupements politiques.

Les cotisations, trop élevées, empêchent nombre de militants d'y entrer, disent quelques-uns.

A cela on peut répondre : si les cotisations sont élevées — la moyenne est de trente francs par an — c'est que la Franc-Maçonnerie a de gros frais, elle subventionne plusieurs œuvres philantrhopiques, entre autres : un orphelinat, un bureau de placement gratuit, une caisse de solidarité pour ses membres, etc., etc... De plus, elle a institué l'œuvre des Conférences du dimanche, qui consiste à instruire le public par une conférence sur un sujet d'histoire, de sociologie, d'actualité, etc., et une partie de concert ou de théâtre.

Une institution de « cours commerciaux gratuits », qui rend de très grands services à la jeunesse qui les fréquente.

Propagande, éducation, solidarité, ces trois organismes absorbent une grande part des ressources que produisent les cotisations.

Malgré cela, beaucoup de loges facilitent l'entrée à ceux qui, n'ayant que de minimes ressources, manifestent le désir d'y entrer. A l'heure actuelle même, nombre de militants n'ayant que de petits moyens n'hésitent pas à faire quelques sacrifices pour faire partie de cette association. Ils savent qu'ils trouveront dans cette organisation le moyen de développer les connaissances acquises par ailleurs et qu'ils pourront, par ce fait même, faire bénéficier leurs camarades de ce qu'ils auront appris.

En résumé, nous nous trouvons en face d'une institution ayant son organisation, ses rouages tout comme le Parti socialiste ou la C. G. T. Connaitre l'emploi de son argent, ou son fonctionnement administratif, là n'est pas la question.

Ce qu'il y a lieu de connaître, de savoir, c'est si cette association ne va pas à l'encontre du socialisme, du syndicalisme et de leur développement respectif.

Nous répondons hardiment : non. Au contraire, la Franc-Maçonnerie, sans être indispensable en quoi que ce soit, vient heureusement permettre aux militants, socialistes et syndicalistes, d'augmenter leur bagage intellectuel en les assouplissant à l'étude sérieuse des problèmes économiques et sociaux.

Les affinités entre le socialisme, le syndicalisme et la Franc-Maçonnerie sont trop nombreuses pour qu'on puisse essayer avec succès d'opposer les unes aux autres ces trois grandes associations.

Loin d'être en antagonisme, on peut aisément prouver qu'elles se complètent, car toutes trois concourent au même but par des voies différentes.

L'Opinion de quelques personnalités du Parti et de la C. G. T. sur la question.

J'ai demandé à quelques personnalités du Parti et de la C. G. T. de vouloir bien, pour les lecteurs, me donner leur opinion sur ce que peuvent ou doivent être les rapports du Parti socialiste et de la C. G. T. avec la Franc-Maçonnerie.

Je suis heureux de pouvoir mettre sous les yeux des lecteurs les réponses que j'ai reçu.

C'est d'abord notre camarade Gustave Hervé qui m'a envoyé la lettre suivante :

GUSTAVE HERVÉ
Rédacteur en chef de la Guerre sociale

CHER CAMARADE,

-J'ai lu votre brochure avec intérêt.

Mon avis : vous l'avez tout entier dans la *Guerre Sociale*. Prenez-y l'article que j'ai consacré à la Franc-Maçonnerie.

Une bien cordiale poignée de mains,

GUSTAVE HERVÉ.

L'article de Gustave Hervé, dans la *Guerre sociale*, numéro du 5 au 11 avril 1911 :

Ni antisémite, ni antifranc-maçon

Il y avait douze ans que Marianne n'avait pas eu sa crise d'antisémitisme et de nationalisme.

Grâce à Clemenceau et à Briand, grâce à la lâcheté, à la trahison, ou à l'imbécillité des parlementaires radicaux qui ont laissé ces deux forbans saboter la République pendant six ans, nous voici à la veille d'une crise nouvelle qui pourrait être autrement plus dangereuse que le Seize-Mai, le boulangisme et l'affaire Dreyfus.

Le flot monte.

Aveugles, ceux qui ne le voient pas !

Dans l'affaire Bernstein, il a fallu capituler devant les camelots du roi. Naturellement, ce triomphe n'a fait que les encourager Ils en sont déjà à manger du huguenot. Lors du beau chahut qu'ils ont fait la semaine dernière au chat-fourré Ausset, à l'occasion du procès Lacour, ne lui lançaient-ils pas à la tête, comme une injure, l'épithète de protestant et de huguenot ?

Aussitôt après le nationalisme antisémitique et clérical des camelots du roi, nous avons vu réapparaître le nationalisme revanchard et militariste de Déroulède, de Marcel Habert, des étudiants patriotes ou nationalistes. Ils avaient dit au *Journal* : « L'Aéro de la Paix n'ira pas à Berlin. » Et le *Journal*, lâché par toute la presse socialiste et républicaine, tandis que toute la presse nationaliste soutenait le *Matin*, a dû « caner » lamentablement.

Voilà maintenant que certains mauvais bergers à étiquette révolutionnaire essaient d'entrainer la classe ouvrière dans cette nouvelle Boulange.

Avant-hier, aux Sociétés savantes, Janvion s'est fait applaudir vigoureusement par des ouvriers, fourvoyés au milieu d'un auditoire royaliste, en pourfendant les juifs et les francs-maçons.

Il y a trois ans, au moment où Clemenceau, aux applaudissements de toute la bourgeoisie républicaine, cravachait, sabrait et fusillait la classe ouvrière, nous criions ici à cette bourgeoisie : « Prenez garde ! On peut, maintenant, dans les milieux ouvriers, crier « A bas la République ! » sans se faire traiter de calotin et de réactionnaire. C'est un symptôme grave. Casse-cou ! »

Cet article « A bas la République » était le cri d'angoisse d'un républicain impénitent et irréductible qui voyait avec terreur, saboter par les républicains eux-mêmes la foi républicaine dans l'âme du peuple.

La réunion des Sociétés savantes ne prouve que trop que nos appréhensions étaient fondées.

Je suis fier pour la *Guerre sociale* que ce soit l'un de chez nous, Merle, qui, à peine sorti des prisons où les républicains l'ont laissé enfermé pendant cinq mois et demi, soit venu le premier crier casse-cou aux ouvriers qui auraient la tentation de suivre Janvion dans la voie réactionnaire où il s'engage.

Personnellement, je me suis déjà proclamé ici philosémite et plus que jamais, — quel que soit le compte que nous ayons à demander à des financiers d'origine israélite, comme Rothschild, — je reste persuadé que l'antisémitisme est la forme la plus basse du cléricalisme chez les uns, du nationalisme chez les autres, du conservatisme social chez presque tous.

Après la conférence des Sociétés savantes, je tiens à proclamer hautement ma sympathie profonde pour la Franc-Maçonnerie.

Qu'il y ait des arrivistes qui se servent d'elle au lieu de la servir : possible. Il y a des arrivistes dans tous les milieux.

Que ses oripeaux et sa ferblanterie aient quelque chose de suranné et de ridicule : tant qu'on voudra !

Qu'il y ait en son sein trop de radicaux enclins à hurler avec les loups du gouvernement : d'accord !

Mais venir prétendre avec Janvion que la Franc-Maçonnerie

tient tout, qu'elle est omnipotente, qu'elle essaie, par des manœuvres obliques, de mettre la main sur la C. G. T. pour l'émasculer, il faut être atteint du délire de la persécution ou avoir le sens critique d'un frère ignorantin pour le croire.

Un jour — il y a deux ans de cela — un jour que tous les permanents de la *Guerre sociale* — selon leur habitude — étaient emprisonnés à la Santé, Janvion tenta cette démonstration dans notre journal même.

Bien que sa série d'articles eût commencé à notre insu et sans notre assentiment, nous n'avons pas voulu l'interrompre, désireux que nous étions tous de laisser notre collaborateur d'alors nous administrer ses preuves en toute liberté.

La montagne accoucha d'une lamentable souris.

Comment Janvion aurait-il pu prouver une telle monstruosité ?

Avec tous ses défauts, la Franc-Maçonnerie — cela crève les yeux — est une des forces de progrès qui méritent le plus la haine des corbeaux et la reconnaissance du prolétariat.

Non seulement, dans le passé, elle a été le refuge de tous les libres penseurs et la glorieuse initiatrice des peuples dans la voie de la révolte intellectuelle contre tous les dogmes, mais, aujourd'hui encore, ses loges restent un des meilleurs asiles de la pensée libre ; et il n'est pas une seule idée, si hérétique, si subversive qu'elle soit, qui ne puisse y être exposée en toute liberté, dans le silence et le recueillement.

Même quand ses pontifes lèchent les mains sanglantes d'un Clemenceau ou les mains gluantes d'un Briand, l'énorme majorité des maçons reste de cœur avec le prolétariat traqué et persécuté.

Et dans les procès de tous nos camarades révolutionnaires, il suffit qu'un juré soit franc-maçon pour que l'avocat chargé de la défense ne le récuse jamais, sûr que, s'il y a un franc-maçon dans le jury, il y aura au moins une voix pour défendre la liberté de la pensée, ou, s'il s'agit d'un procès de droit commun, pour faire entendre en faveur de l'accusé la voix de la pitié et de l'humanité.

Celui qui écrit cet éloge de la Franc-Maçonnerie n'est pas maçon, et n'a pas à se louer personnellement de la Franc-Maçonnerie. Mais il est de ces révolutionnaires qui n'ont jamais coqueté avec les monarchistes, ni avec les antisémites, ni avec la calotte, et qui considèrent qu'on ne peut verser dans l'antisémitisme et baver sur la Franc-Maçonnerie sans renier toute la tradition révolutionnaire française, sans cracher sur la mémoire des grands tépublicains des dix-huitième et dix-neuvième siècles, dont les socialistes et les syndicalistes d'aujourd'hui — qu'ils le veuillent ou non — sont les véritables héritiers et les seuls fils intellectuels.

Je lis dans un journal qu'à la fin de la réunion des Sociétés savantes, Pataud, qui présidait, après avoir lu un ordre du jour qui flétrit la Franc-Maçonnerie, expliqua que somme toute il était d'accord avec la *Guerre Sociale*.

Non, non, Pataud, pas d'accord du tout !

De ce côté-ci de la barricade — même quand on déteste Rothschild — on ne flirte ni avec la calotte, ni avec le Roi, ni avec les antisémites... et on ne préside pas une conférence antisémitique de Janvion !

Un Sans-Patrie,
GUSTAVE HERVÉ.

Lettre du citoyen Francis de Pressensé, président de la Ligue des Droits de l'Homme :

Paris, le 27 novembre 1911.

CHER CITOYEN,

Vous comprendrez aisément que, s'il doit, au prochain Congrès du Parti, se produire une motion tendant à interdire aux socialistes de faire partie d'autres organisations, je préfère réserver pour ce débat les arguments que je crois avoir à faire valoir contre ce projet.

Je n'ai assurément pas de raison pour porter dans mon cœur ceux des membres de la Franc-Maçonnerie — et ils sont nombreux — qui, dans l'intérêt de M. Augagneur, ont fait contre moi une campagne violente et perfide ; mais, quand bien même il ne s'agirait que de cette association et quand je n'aurai pas le devoir absolu de défendre l'activité si bienfaisante de la Ligue des Droits de l'Homme, je serai toujours l'adversaire impénitent de toute tentative sectaire pour limiter arbitrairement la liberté des socialistes. Un socialiste a le droit de faire tout ce qui n'est pas en contradiction avec l'objet spécifique du parti auquel il a donné son adhésion.

Croyez, je vous prie, à mes sentiments dévoués.

FRANCIS DE PRESSENSÉ.

Sans être un admirateur de la Franc-Maçonnerie et plus particulièrement de quelques-uns de ses adeptes, ce qui est légitime en raison de l'attitude inqualifiable qu'ont eue certains maçons envers l'homme dévoué et tout de droiture qu'est Francis de Pressensé, celui-ci reconnaît tout de même qu'on ne peut, en raison même de faits divers, dus à des individualités, limiter arbitrairement le droit, qu'ont les camarades socialistes et syndicalistes d'appartenir à une organisation autre que celle du Parti ou de la C. G. T., pourvu que l'organisation ne soit pas en antagonisme avec celles où il est adhérent.

Lettre du citoyen J. Bled, de la C. G. T., secrétaire de la Commission administrative de la Bourse du Travail de Paris :

Paris, le 28 novembre 1911

MON CHER MITTLER,

Mes préoccupations syndicales m'ont laissé jusqu'à présent trop peu de loisirs pour qu'il m'ait été possible d'en consacrer beaucoup à la Franc-Maçonnerie. Tout au plus lui ai-je sacrifié une moyenne de quatre soirées par an ; c'est dire que je suis un très médiocre franc-maçon.

Mais ce que je puis dire qui intéressera certainement les lecteurs de votre petite brochure, c'est que :

1° Ma qualité de franc-maçon ne m'a imposé aucune abdication de mes principes révolutionnaires, aucun reniement ;

2° La Franc-Maçonnerie m'a laissé, comme elle laisse à chacun de ses membres, une entière indépendance, mon entière individualité ;

3° Les promiscuités imposées dans la Franc-Maçonnerie ne sont pas plus dangereuses, pour les révolutionnaires, que celles qui sont imposées dans toute réunion publique ;

4° La Franc-Maçonnerie a le mérite — en dehors d'autres — d'être une institution éminemment éducative, et, à ce titre au moins, mérite l'attention non seulement des syndicalistes, mais encore de tous ceux qui luttent pour une société meilleure.

Voilà, mon cher Mittler, les quelques mots que je crois devoir vous adresser.

Meilleurs sentiments.

J. BLED.

Voilà donc un camarade qui n'a pas beaucoup fréquenté les loges maçonniques ; néanmoins, il ne peut s'empêcher d'indiquer que la Franc-Maçonnerie, loin d'être en antagonisme avec le syndicalisme, est une institution éducative au premier chef où les

pluralistes pourraient recueillir des connaissances nouvelles et
peut utiles.

Lettre du citoyen Aubriot, député de Paris :

Lyon, le 26 novembre 1911.

MON CHER CAMARADE,

Je vous écris à la hâte, de Lyon, où je suis en tournée de
conférences.

J'approuve complètement l'esprit de votre petit ouvrage sur la
Franc-Maçonnerie et le Socialisme.

Je crois, d'ailleurs, qu'on exagère beaucoup l'importance de cette
question. Le Parti socialiste a vraiment des problèmes plus urgents et
plus vitaux à solutionner.

Bien cordialement à vous.

P. AUBRIOT.

En publiant ces lettres, je n'ai voulu que permettre au lecteur
de connaître l'opinion de camarades connus dans le monde socialiste et syndicaliste pour leur compétence en la matière et l'autorité qui s'attache à leurs noms.

CONCLUSIONS

On peut donc sans crainte, affirmer que les affinités d'esprit, d'action, de but qui se retrouvent dans chacune de ces trois grandes associations, doivent concourir à l'éclosion d'une société meilleure qui sera le fait de l'effort coordonné de ces trois grandes puissances. Sur le terrain politique comme sur le terrain économique, elles combattent tout ce qui est dogmes, tout ce qui est préjugés, tout ce qui est injustices. A l'idéal religieux, chassé par la science, succède un autre idéal : « l'idéal social » ; c'est celui-ci qui doit faire l'objet de toutes nos préoccupations.

C'est en raison du développement intensif des sciences que le socialisme a fait tant de progrès, car, ceci est sans conteste, la science en général domine tout ; désormais, nul homme, nulle institution n'auront une autorité durable, s'ils ne se conforment à ses enseignements.

Les peuples ainsi que les individus naissent dans des conditions communes d'ignorance et de simplicité. Tous ont besoin d'instituteurs ou de maîtres, pour la pensée comme pour la direction de la vie. C'est ainsi que les dogmes religieux, formant le code primitif de la morale et de la vie sociale, furent imposés aux premiers hommes par les plus forts et les plus habiles d'entre eux. Ils trompèrent leur siècle, ils établirent leur domination par la superstition et l'imposture, pour se créer un empire sacerdotal, et s'arroger l'autorité, la richesse et la puissance sur leurs semblables.

Dès lors, commence cette lutte séculaire du dogme contre le libre examen, des religions contre la science, lutte qui dure encore, dans laquelle nous devons prendre résolument parti et qui finira bientôt définitivement, à l'avantage de la science, c'est-à-dire de la pensée libre.

Jusqu'à l'époque où les encyclopédistes, initiés pour la plupart à la Franc-Maçonnerie, purent faire triompher les idées de justice et de liberté qu'ils proposaient, c'est-à-dire jusqu'à la grande

Révolution de 1789, la science ne put guère progresser. Les savants étaient tenus en suspicion ; c'étaient des alchimistes ou des sorciers, voués d'avance aux supplices éternels dont on leur donnait souvent un avant-goût avec la prison, la torture ou le bûcher Mais quelle belle expansion de l'esprit humain, quelle magnifique éclosion de découvertes succéda, grâce à la liberté de conscience qui suivit l'ère de compression religieuse qui avait précédé le dix-neuvième siècle ! Le sentiment de la solidarité entre les peuples apparaît alors pour la première fois, grâce à la science ; en effet, tous les savants de l'Europe, sans distinction de nationalité, viennent, dès lors, apporter leur contribution à l'édifice nouveau. Les découvertes ne sont pas d'ailleurs le fait d'un seul ; tous concourent, soit en se groupant soit en travaillant isolément à dévoiler les secrets de la nature, et les faire servir au bien de l'humanité.

Et la science, qui n'avait jamais rien promis, nous a comblés de ses bienfaits, à l'encontre des religions qui promettent beaucoup sans rien donner, et qui persistent à vouloir nous imposer, dans l'ordre moral aussi bien que dans l'ordre historique, leurs dogmes et leurs croyances surannées.

Jamais les dogmes religieux n'ont apporté aux hommes la découverte d'aucune vérité utile, ni concouru en rien à améliorer leur condition.

En regard de ce qu'on produit les religions : guerres, massacres, supplices et misères, faut-il dresser le bilan de ce que la science a créé pour le développement moral et intellectuel, pour le bien-être matériel et physique des hommes ?

L'imprimerie, le microscope et le télescope, la photographie, la vapeur, les chemins de fer, la guérison pour une foule de maladies, les règles de l'hygiène, etc., etc.

Ce ne sont pas davantage les dogmes qui ont aboli l'esclavage et la torture, proclamé le respect de la vie humaine, la tolérance, la liberté, l'égalité et la solidarité.

On reproche souvent aux libres penseurs de n'avoir pas de morale, de prêcher l'athéisme et de faire, des individus, des révoltés et des malheureux.

La vérité est que la morale, procède de la conscience et de l'observation et non point de l'inspiration religieuse.

Concourir à assurer le développement de nos connaissances

scientifiques, c'est du même coup, concourir à rehausser le niveau moral de l'humanité tout entière. C'est par un labeur opiniâtre, un travail de tous les instants que nous arriverons à construire la cité future.

La science qui, dans un labeur incessant, nous apporte chaque jour un peu plus de vérité, nous montre que tout est travail dans l'universalité des mondes.

L'univers, n'est, en effet, qu'un immense atelier toujours en activité où le chômage est inconnu, où les infiniment petits accomplissent chaque jour un labeur de géant. Dans cette partie qui nous entoure, dans ce que nous appelons la nature, tout est travail comme dans le reste de l'univers : les champs qui se couvrent de moissons, les forêts à la poussée lente, les fleuves et les mers roulant perpétuellement leurs flots se livrent à un travail continu, et les mondes emportés par le rythme de la gravitation, au travers de l'infini, travaillent de même. Le travail est tellement la loi universelle, qu'il n'existe pas un être, pas une chose qui puisse s'immobiliser dans l'oisiveté absolue, et que tout se trouve entraîné en dépit même de sa volonté à faire sa part de l'œuvre commune. La vie n'est, en somme, que de la matière en travail, une force en perpétuelle activité pour l'œuvre finale de bonheur dont nous portons en nous l'impérieux besoin et à la réalisation de laquelle convergent tous nos efforts.

Si la vie de l'individu n'est que la résultante harmonique du travail des différents organes qui le composent et qui tous ont leur tâche spéciale, de même les sociétés ne peuvent vivre que du travail harmonique de tous leurs membres.

Pourquoi donc ce travail de loi universelle, seule raison de vivre, est-il si souvent maudit, considéré comme une torture, quelque chose de vil et méprisable, alors qu'il devrait être la santé, la noblesse et le bonheur même de l'homme ? C'est que dans notre société actuelle, le travail mal réparti, mal payé, est une tâche imposée par une partie de la société à une autre.

C'est que dans la ruche humaine, les abeilles n'ont pas su empêcher l'entrée des frelons paresseux et gourmands et ceux-ci s'y sont établis, y commandent en maîtres, y règnent en tyrans. C'est qu'il y a d'un côté une classe de travailleurs dont la tâche est trop lourde et qu'il y a de l'autre une classe d'oisifs qui les oppresse et les exploite.

Mais la juste société de demain sera faite du travail de tous : l'oisiveté y sera le plus grave des délits ; le travail y sera un devoir toujours agréable à remplir, et le bonheur et l'avenir de l'humanité seront l'œuvre du travail réhabilité enfin !...

La juste répartition du travail est, d'ailleurs, la base de toutes les doctrines sociales.

Lisez, en effet, les philosophes socialistes depuis les précurseurs Fourier, Saint-Simon, Proudhon, Cabet... jusqu'aux apôtres les plus autorisés de notre moderne socialisme.

Négligez les combats acharnés qui se livrent d'école à école, les idées contradictoires parfois émises, vous verrez que du choc des idées et des opinions, des contradictions mêmes, se dégage comme l'aurore d'une humanité meilleure, la foi commune dans le travail sauveur et une haine commune de l'injustice sociale...

Comme l'a dit Fourier, il suffirait de réorganiser le travail pour réorganiser la société tout entière.

Seule, en effet, cette réorganisation du travail permettra une juste répartition de la richesse ; l'unique solution à nos misères et à nos souffrances est là !... On ne rebâtira le vieil édifice qui craque et tombe en pourriture que sur ce terrain du travail par tous et pour tous, accepté comme la loi universelle, la vie même qui régit les mondes.

Quand les richesses de la terre seront rendues à tous les hommes, quand le travail sera la loi humaine comme il est la loi naturelle, la paix se fera parmi nous et la fraternité heureuse régnera enfin.

Lorsque l'ouvrier ne sera plus la bête de somme écrasée, abrutie par un labeur trop lourd, mais qu'il pourra, au contraire, se livrer à un travail librement choisi et justement réparti, un salutaire équilibre s'établira dans ses qualités naturelles, il redeviendra ce que nous voulons qu'il soit : une conscience, une intelligence libre et glorieuse. Et c'est de ce travail qui, devant engendrer la richesse, n'engendre le plus souvent que la misère, c'est de ce travail, aujourd'hui maudit, demain vénéré, que sortira l'allégresse humaine et la débordante floraison de la vie ! ! !

C'est aux socialistes, aux syndicalistes, aux francs-maçons de préparer les travailleurs de l'avenir, de les éduquer, de les instruire, de diriger les efforts des travailleurs du présent, avec prudence, sans rien compromettre des libertés acquises, vers la conquête des libertés plus grandes.

Les yeux toujours fixés vers cette étoile lointaine qu'est la cité sociale, ne commettons pas l'erreur d'oublier le présent. De graves questions s'agitent, des améliorations sont nécessaires au sort des travailleurs.

Ne soyons donc pas pour eux de mauvais bergers, mais de bons pasteurs ; semons largement à tous les vents les idées généreuses et fécondes et préparons ainsi les moissons futures pour une humanité meilleure.

Ayons foi dans l'œuvre grandiose qu'est le socialisme, car, quels que soient les cahots politiques qui passionnent les nations, quels que soient les arrêts ou les reculs, les vérités de la science doivent sans cesse s'accroître et se transmettre, c'est à nous qu'incombe la tâche de diffuser ces vérités scientifiques et de préparer l'avènement de cette République démocratique et sociale que nous appelons de tous nos vœux.

EUGÈNE MITTLER.

L'UNIVERSALA, IMPRIMERIE OUVRIÈRE ESPÉRANTISTE
10, rue du Cloître-Saint-Merri, PARIS (IVe)

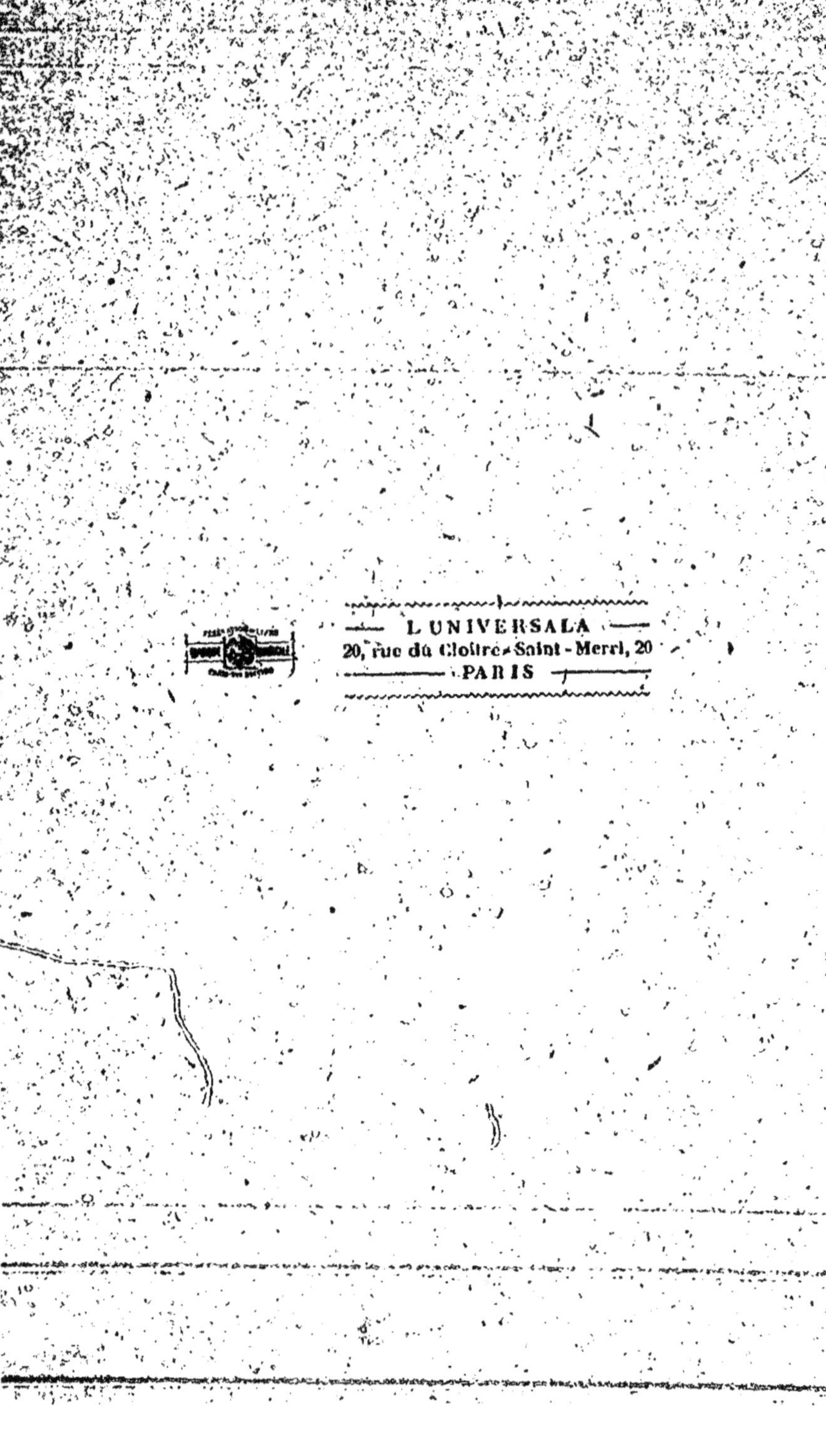

L UNIVERSALA
20, rue du Cloître-Saint-Merri, 20
PARIS

www.ingramcontent.com/pod-product-compliance
Lightning Source LLC
LaVergne TN
LVHW012053030726
842523LV00002B/508